Birgit Sauter / Gerhard Sauter

A W T
Arbeit-Wirtschaft-Technik
7. Jahrgangsstufe

ISBN 978-3-89291-**377-1**

DEUTSCH

AUFSATZERZIEHUNG

PREISE STAND 2014
AKTUELLE PREISE AUF PB-VERLAG.DE

5./6. JAHRGANGSSTUFE

M. u. E. Hirmer

Im Buch blättern

Erfolgreich und kreativ d. alle Aufsatzarten 5./6. Jahrgangsstufe Bd.I

88 Seiten, DIN A4
Stundenbilder
mit Kopiervorlagen

BEST.NR.: 598 18,90 €

M. u. E. Hirmer

Im Buch blättern

Erfolgreich und kreativ d. alle Aufsatzarten 5./6. Jahrgangsstufe Bd.II

84 Seiten, DIN A4
Stundenbilder
mit Kopiervorlagen

BEST.NR.: 599 18,90 €

J. Biesemann

Im Buch blättern

In fünf Schritten zum individuellen Erzählen 5./6. Jahrgangsstufe

27 Seiten, DIN A4
Kopiervorlagen

NEU

BEST.NR.: 096 8,90 €

M. u. E. Hirmer

Im Buch blättern

Erfolgreich und kreativ d. alle Aufsatzarten 5./6. Jahrgangsstufe Bd.III

84 Seiten, DIN A4
Stundenbilder
mit Kopiervorlagen

BEST.NR.: 665 18,90 €

M. u. E. Hirmer

Im Buch blättern

Erfolgreich und kreativ d. alle Aufsatzarten 5./6. Jahrgangsstufe Bd.IV

82 Seiten, DIN A4
Stundenbilder
mit Kopiervorlagen

BEST.NR.: 666 18,90 €

Bleiziffer/Rupprecht

Aufsatz 5./6. Jahrgangsstufe Bd.II
Erzähl. Darstellungsformen

130 Seiten, DIN A4
Stundenbilder
mit Kopiervorlagen

BEST.NR.: 243 9,90 €

REDUZIERT

7.-10. JAHRGANGSSTUFE

Karl-Hans Seyler

Im Buch blättern

Kompetent Inhalte wiedergeben 7.-10. Jahrgangsstufe

116 Seiten, DIN A4
Kopiervorlagen

BEST.NR.: 380 22,90 €

Karl-Hans Seyler

Im Buch blättern

Kompetent Stellung nehmen 7.-9. Jahrgangsstufe

82 Seiten, DIN A4
Kopiervorlagen

BEST.NR.: 668 19,90 €

Karl-Hans Seyler

Im Buch blättern

Kompetent erörtern - freie Erörterung 9./10. Jahrgangsstufe

98 Seiten, DIN A4
Kopiervorlagen

BEST.NR.: 378 19,90 €

Karl-Hans Seyler

Im Buch blättern

Kompetent berichten und beschreiben 7./8. Jahrgangsstufe

84 Seiten, DIN A4
Kopiervorlagen

NEU

BEST.NR.: 379 IN VORB.

Karl-Hans Seyler

Kopierheft Aufsatz 7./8. Jahrgangsstufe

80 Seiten, DIN A4
Kopiervorlagen

REDUZIERT

BEST.NR.: 482 9,90 €

Karl-Hans Seyler

Kopierheft Aufsatz 9./10. Jahrgangsstufe

96 Seiten, DIN A4
Kopiervorlagen

REDUZIERT

BEST.NR.: 485 9,90 €

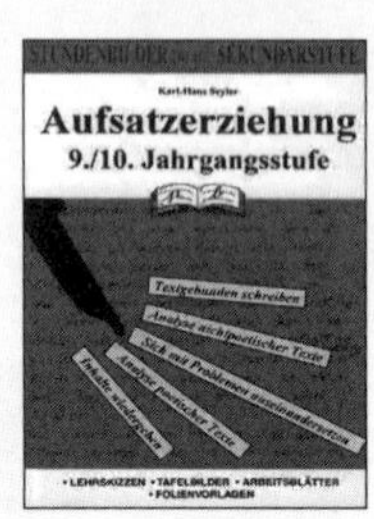

Karl-Hans Seyler

Aufsatzerziehung 9./10. Jahrgangsstufe

160 Seiten, DIN A4
Stundenbilder
mit Kopiervorlagen

BEST.NR.: 865 19,90 €

Vorwort

AWT 7 – das ist kein neues Fach in der Hauptschule, denn sein Vorläufer war bereits unter dem Namen Arbeitslehre in den Jahrgangsstufen 7 bis 10 bekannt. Als Leitfach umfasst AWT 7 nicht nur den Bereich **Arbeit und Beruf**, sondern auch die Lernfelder **Wirtschaft** und **Technik**. Natürlich beginnt in der 7. Jahrgangsstufe schwerpunktmäßig die Berufsorientierung. Das Kennenlernen von beruflichen Tätigkeiten am Arbeitsplatz mit Hilfe der Arbeitsplatzerkundung sowie die Auseinandersetzung mit persönlichen Sichtweisen von Arbeit und Beruf spielen mit Sicherheit eine tragende Rolle.
Allerdings beschäftigen sich die Schüler genauso intensiv mit dem Wirtschaften im privaten Haushalt, um später verantwortungsbewusst mit dem eigenen Haushaltseinkommen umgehen zu können.
Projektorientierte Lern- und Handlungsprozesse stehen im Mittelpunkt, wenn Schüler selbst für einen Markt arbeiten und wirtschaften.
Schließlich kommen die Schüler noch mit dem Technikeinsatz im privaten Haushalt in Berührung, so dass sie vor allem die verschiedenen Perspektiven der Technikanwendung betrachten lernen.
AWT 7 lebt jedoch nicht nur von seinen Inhalten und den Gegenstandsfeldern **Arbeit**, **Beruf**, **Haushalt**, **Wirtschaft** und **Technik**, sondern besonders auch von seinen **fachspezifischen Methoden** wie beispielsweise die **Zugangserkundung**, die **Markterkundung** oder das **projektorientierte Arbeiten und Wirtschaften** für den eigenen Markt. Deshalb bietet dieses Arbeits- und Kopierheft den AWT-Lehrkräften nicht nur ausgearbeitete Stundenbilder, um Lerninhalte zu vermitteln, sondern auch eine Vielzahl von Arbeitsmaterialien, um die angesprochenen fachspezifischen Unterrichtsmethoden erfolgreich anzuwenden. Zusätzlich zeigen Folien und Stundenbilder – wo notwendig und sinnvoll – fächerübergreifende Kooperationsmöglichkeiten mit weiteren Kern-, Sach- und arbeitspraktischen Fächern auf.
Aufgrund der Fülle an verschiedenen Aufgaben und Differenzierungsmöglichkeiten stellt dieses Arbeitsheft für die jeweilige Lehrkraft mit Sicherheit mehr als eine Ergänzung zum herkömmlichen Schulbuch dar.

Wir wünschen Ihnen auf jeden Fall viel Freude und Erfolg mit diesem Arbeitsheft und dem Fach AWT 7.

Ihr Autorenteam

Birgit und Gerhard Sauter

Inhaltsverzeichnis

THEMA

Welche Merkmale hat ein Arbeitsplatz?

LERNZIELE

- Wissen, dass einem Arbeitsplatz die Merkmale Arbeitsort, Arbeitsaufgabe, Arbeitsmittel, Arbeitsbedingungen und Arbeitsgegenstände zugeordnet werden können
- Den Arbeitsplatzmerkmalen Inhalte zuordnen können
- Bewusst werden, dass Arbeitsplatzmerkmale Berufe beschreiben und die Erkundung bestimmen

ARBEITSMITTEL / MEDIEN / LITERATURHINWEISE

Folien, Arbeitsblatt

TAFELBILD / FOLIEN

Merkmale eines Arbeitsplatzes

Arbeitsort

- im Freien
- in der Werkstatt
- im Büro
- im Verkaufsraum

Arbeitsaufgabe

- herstellen
- montieren
- beraten
- bedienen

Arbeitsmittel

- Werkzeuge
- Computer
- Maschinen
- Messgeräte

Arbeitsbedingungen

- Lärm/Ruhe
- Hitze/Kälte
- Geruch
- Schmutz/Sauberkeit

Arbeitsgegenstände

- Nahrungsmittel
- Möbelstücke
- Fahrzeuge
- Güter

➪ **Ein Arbeitsplatz lässt sich nach den Merkmalen Arbeitsort, Arbeitsaufgabe, Arbeitsmittel Arbeitsbedingungen und Arbeitsgegenstände erkunden.**

STUNDENBILD

I. Hinführung

Stummer Impuls	Folie 1	Rückblick auf eine Arbeitsplatzerkundung in der 5. Klasse, z. B. Arbeitsplatz des Hausmeisters unserer Schule SSS wiederholen L: Nach welchen Merkmalen haben wir den Beruf unter die Lupe genommen? SSS nennen Arbeitsplatzmerkmale L: Jeder Beruf hat ganz bestimme Merkmale, die wir genauer betrachten wollen.
Zielangabe	TA	**Welche Merkmale hat ein Arbeitsplatz?**

II. Erarbeitung

	AB	L: Bearbeite das Arbeitsblatt mit deinem Partner. SSS arbeiten SSS erarbeiten mit dem Partner weitere Begriffe
	TA	Sammeln der Beispiele und Zuordnung
Impuls		L: Durch die Merkmale lässt sich jeder Arbeitsplatz genau beschreiben.
Zsf. Partnerarbeit		
Zsf.		Merksatz formulieren
	TA	Ein Arbeitsplatz lässt sich nach den Merkmalen Arbeitsort, Arbeitsaufgabe, Arbeitsmittel, Arbeitsbedingungen und Arbeitsgegenstände erkunden.

III. Sicherung

		SSS übernehmen TA als Eintrag
	Folie/AB	SSS ordnen weitere Begriffe zu/ein

IV. Vertiefung

	Folie 2	SSS ordnen den Bildern die entsprechenden Begriffe zu
Zusatzaufgabe		L: Beschreibe die Berufe zusätzlich anhand der heute gelernten Arbeitsplatzmerkmale
LSG		L: Ihr habt nun die Merkmale zur Beschreibung von Arbeitsplätzen erarbeitet. Und das sollt ihr bald auch anwenden. ➪ Zugangserkundung

AWT	Name	Klasse	Datum	Nr.

Merkmale eines Arbeitsplatzes

im Freien	herstellen	Werkzeuge	Nahrungsmittel	montieren
Lärm/Ruhe	in der Werkstatt	Geruch	Güter	beraten
im Büro	Schmutz/Sauberkeit	Möbelstücke	Maschinen	Messgeräte
bedienen	Fahrzeuge	Computer	im Verkaufsraum	Hitze/Kälte

Arbeitsaufträge für die Partnerarbeit:

❶ Ordne Begriffe, die zusammengehören, in eine Spalte.
TIPP: In jede Spalte gehören vier Begriffe.

❷ Finde Überbegriffe pro Spalte.

Für die Schnellen:
Kannst du jede Spalte mit eigenen Beispielen ergänzen?

⇨ ______________________________

____

Folie 1:
Hausmeister

Folie 2:

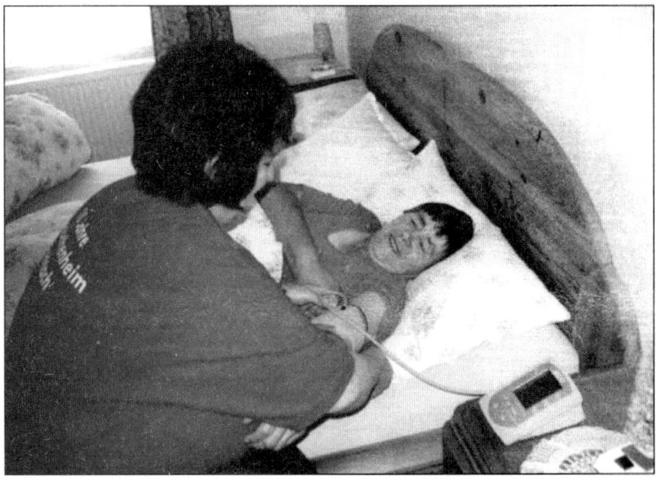

Ordne den Bildern folgende Tätigkeiten zu:

- reparieren
- kontrollieren
- bedienen
- montieren
- beraten
- verwalten
- gestalten
- pflegen

THEMA
Zugangserkundung: Vorbereitung, Durchführung, Auswertung

LERNZIELE

- Eine Zugangserkundung angeleitet, aber doch selbstständig durchführen können
- Die Erfahrungen und Ergebnisse aus der Zugangserkundung in Gruppen auswerten können
- Die Zugangserkundung für den eigenen Berufswahlprozess reflektieren

ARBEITSMITTEL / MEDIEN / LITERATURHINWEISE

Folien, Arbeitsblatt, Bodenplakat, Wortkarten

TAFELBILD / FOLIEN

Unsere Zugangserkundung

Vorbereitung

- Betrieb/Arbeitsplatz aussuchen
- persönlich anfragen/Brief der Schule vorlegen
- Kontaktperson kennen lernen
- Informationen einholen
- Hilfsmittel bereitstellen

Durchführung

- Arbeitsgeheft ausfüllen
- beobachten, fragen, notieren
- Fotos – falls erlaubt
- Informationsmaterial erfragen

Auswertung

- Fotos für das Bodenplakat entwickeln
- Übersichtsblatt für die Gruppenarbeit ausfüllen

STUNDENBILD

I. Hinführung

Stummer Impuls	Folie	SSS lesen Sprechblasen/vermuten: ➪ Wir erkunden unterschiedliche Berufe. L: Man spricht von einer Zugangserkundung.
Zielangabe	TA	**Unsere Zugangserkundung**

II. Erarbeitung

		L: Ihr wisst ja bereits aus der 5. und 6. Klasse, in welchen Schritten eine Erkundung vor sich geht. SSS: Vorbereitung, Durchführung, Nachbereitung
	AB	L: Bearbeite das Arbeitsblatt mit deinem Partner. SSS arbeiten
	TA	Sammeln der Beispiele und Zuordnung L: Du hast nun die Schritte für eine Zugangserkundung herausgefunden.

III. Sicherung

SSS übernehmen TA als Eintrag

IV. Vertiefung

Den Schülern werden verschiedene Punkte mit auf den Weg gegeben:

① Termin für die Zugangserkundung
② Anschreiben – vom Lehrer verfasst – an die Betriebe (siehe Anhang)
③ Arbeitsaufträge für die Auswertung der Erkundung (Fotos, Hilfsblatt für das Kurzreferat)

➪ Die Zugangserkundung kann in unterschiedlicher Weise ausgewertet werden. Zwei Möglichkeiten finden sich im Anschluss an das Arbeitsblatt dieser UE. Natürlich ist es auch möglich, beide Auswertungsformen durchzuführen. Für die Auswertung mit Bodenplakat sollten eine, für die Auswertung mit Kurzreferat etwa zwei Stunden veranschlagt werden.

Möglicherweise können auch fächerübergreifend im Deutschunterricht in Rollenspielen die Vorstellung im Betrieb und Fragetechniken geübt werden.

AWT	Name	Klasse	Datum	Nr.

Unsere Zugangserkundung

Betrieb/Arbeitsplatz aussuchen - Arbeitsgeheft ausfüllen - Fotos machen, falls erlaubt - persönlich anfragen/Brief der Schule vorlegen - beobachten, fragen, notieren - Fotos für das Bodenplakat entwickeln oder ausdrucken - Kontaktperson kennen lernen - Informationsmaterial erfragen und mitnehmen - Hilfsmittel bereitstellen (z. B. Fotoapparat) - Informationen einholen - Übersichtsblatt für den Kurzvortrag ausfüllen

Arbeitsaufträge für die Partnerarbeit:
Ordne Begriffe, die zusammengehören, in eine Spalte.

Vorbereitung	**Durchführung**	**Auswertung**

Für die Schnellen:
Mache dir Gedanken darüber, was du von diesem Zugangserkundungstag erwartest.

Ein Bodenplakat entwickeln

Vorgehensweise:

① Die Schüler bringen je ein Foto (evtl. mehrfach ausgedruckt) mit.

② Am Boden liegt ein großes Bodenplakat mit fünf beschrifteten Feldern.

③ Die Schüler bringen nun nacheinander ihr Foto dort an, wo sie es einordnen möchten und begründen ihre Meinung.

Arbeitsauftrag:

Du hast bei deiner Zugangserkundung Menschen bei der Arbeit beobachtet und Fotos gemacht. Bringe nun dein Foto an der passende Stelle des Bodenplakats an. Eventuell kannst du dein Foto an mehrere Stellen legen oder mehrere Ausdrucke anfertigen.

Hast du keine Fotos gemacht, so kannst du auch Prospektmaterial benutzen.

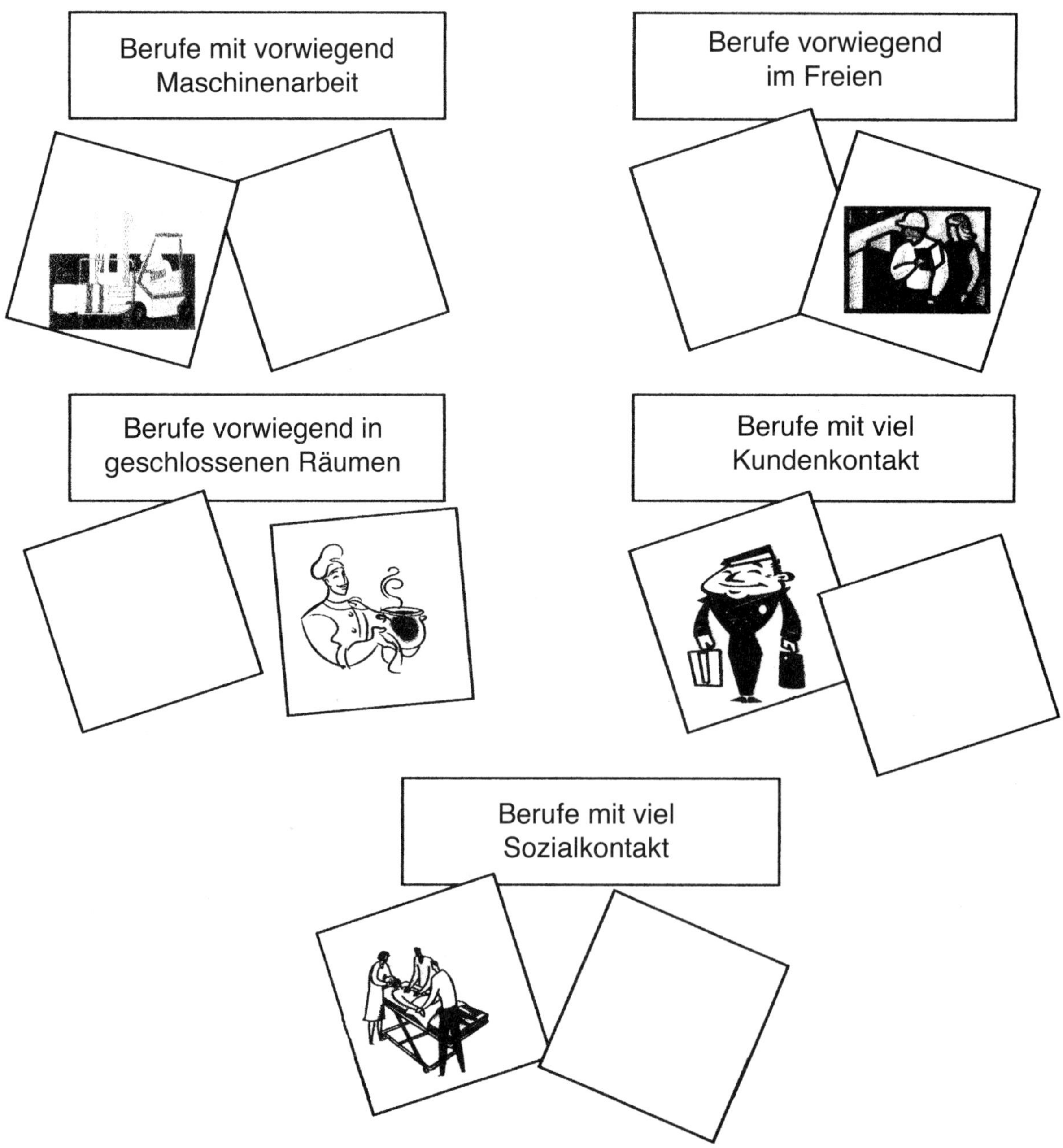

Auswertung der Zugangserkundung durch Kurzvortrag jedes Schülers

Vorgehensweise der Auswertung durch Kurzvortrag:

① Die Schüler bearbeiten ein Hilfsblatt für ihren Vortrag.

② Je ein für den Schüler besonders wichtiger Begriff wird auf eine Wortkarte geschrieben.

③ Auf der Tafel werden fünf Wortkarten mit den Überbegriffen befestigt.

④ Der Schüler hält seinen Vortrag und hängt dabei während des Vortrags seine Wortkarte an die entsprechende Stelle.

Hilfsblatt für mein Kurzreferat: Beispiel

Beruf: Frisörin
Arbeitsort: Salon Zeitfrau
Arbeitsaufgabe: beraten, gestalten
Tätigkeiten: Waschen, Schneiden, Tönen, Fönen, Abrechnungen machen, neue Ware bestellen, Ware verkaufen, Salon reinigen ...
Arbeitsmittel: Wasser, Waschbecken, Fön, Telefon, Kasse, Spiegel, Faxgerät ...
Beobachtungen: sehr freundlich, auf Wünsche der Kunden eingehen, Geduld, schön gestalteter Salon, dekoriertes Schaufenster, Kaffeeservice ...

Tafelbild:

Arbeitsplatz

Frisörin
Salon Zeitfrau

Arbeitsaufgabe

beraten, gestalten

Tätigkeiten

Waschen, Schneiden, Tönen, Fönen, Abrechnungen machen, neue Ware bestellen, Ware verkaufen, Salon reinigen

Arbeitsmittel

Wasser, Waschbecken, Fön, Telefon, Kasse, Spiegel, Faxgerät

Beobachtungen

sehr freundlich, auf Wünsche der Kunden eingehen, Geduld, schön gestalteter Salon, dekoriertes Schaufenster, Kaffeeservice

Folie 1:

Ich möchte gerne meinem Onkel über die Schultern schauen. Er ist KfZ-Mechatroniker.

Mein Traumberuf ist Bäcker. Ich frage gleich mal bei unserer Bäckerei nach.

Ich gehe zum Florist Blümchen. Dort gibt es eine Menge zu erkunden.

Mögliches Dankesschreiben an den Betrieb (wird vom Schüler verfasst):

Lauterbach, den 20. März 2...

Sehr geehrte Frau Zeitfrau,

am Donnerstag, den 20. März, durfte ich in Ihrem Salon eine Zugangserkundung durchführen. Ihre Mitarbeiterin, Frau Schön, hat sich sehr viel Zeit für mich genommen und mir geduldig alle Fragen beantwortet. Sie hat mir alles über den Beruf der Frisörin erklärt. Dafür möchte ich mich hiermit sehr herzlich bedanken und ein Erinnerungsfoto beilegen.

Mit freundlichen Grüßen

Maxi Groß

Die „10 Gebote" zur Zugangserkundung

❶ Der Betrieb macht freiwillig bei dieser Erkundung mit. Es soll dadurch niemand übermäßig belastet werden.

❷ Du bist Gast des Betriebes – verhalte dich entsprechend!

❸ Höflichkeit, Ordnung und Pünktlichkeit können von jedem erwartet werden, besonders aber an diesem Tag von DIR.

❹ Achte auf entsprechende Arbeitskleidung! Erkundige dich vorher rechtzeitig!

❺ Vorschriften im Betrieb – besonders zur Unfallverhütung – sind genauestens zu beachten.

❻ Sei vorsichtig im Umgang mit Geräten und Maschinen, so vermeidest du Verletzungen und Sachbeschädigungen!

❼ Frage, wenn du etwas nicht verstanden hast!

❽ Befolge genau die Anweisungen der Betreuer im Betrieb!

❾ Beobachte genau und interessiert!

❿ Schreibe deine Beobachtungen und Erfahrungen auf einem Notizblock mit.

Achte außerdem darauf:

① Beachte Schilder mit Sicherheitskennzeichen!

② Nutze deine Chance, an diesem Tag möglichst viel zu erfahren!

③ Nimm nichts aus dem Betrieb mit, ohne zu fragen. Auch für Prospeke, Werkstücke u. Ä. gilt: ERST FRAGEN!

④ Auch wenn du Fotos machen möchtest: ZUERST FRAGEN!

Anschrift der Schule

Firma

Bitte um Genehmigung einer Zugangserkundung unserer Schüler

Sehr geehrte Kontaktpersonen in den Betrieben, sehr geehrte Damen und Herren!

Die Schülerinnen und Schüler der 7. Jahrgangsstufe sollen im Rahmen des aktuellen Hauptschullehrplans im Fach Arbeit-Wirtschaft-Technik (AWT) eine Zugangserkundung in einem selbst gewählten Betrieb durchführen. Die Zugangserkundung soll **der einzelnen Schülerin/dem einzelnen Schüler bzw. einer Kleingruppe von Schülern** einen ersten Einblick in einen Beruf bzw. in einen Arbeitsplatz aus ihrem/seinem bekannten Umfeld ermöglichen. Im Mittelpunkt eines Erkundungstages (bzw. Erkundungsvormittages/-nachmittages) sollten dabei folgende Aspekte stehen:

- Beobachten von Arbeitsabläufen und Tätigkeiten
- Erfragen von Arbeitsbedingungen und Arbeitszeiten
- Beschreiben von Arbeitsgegenständen und Arbeitsmitteln
- Kennenlernen unterschiedlicher Arbeitsaufgaben an unterschiedlichen Arbeitsplätzen

Die Schülerin/Der Schüler bzw. die Schülergruppe sollte an diesem Tag auf keinen Fall selbst tätig werden oder gar Arbeiten im Betrieb verrichten.

Eine Arbeitsplatzerkundung ist nicht vergleichbar mit einem Betriebspraktikum. Das „Kerngeschäft" besteht methodisch aus **beobachten**, **wahrnehmen**, **erfragen**, **beschreiben** und **dokumentieren**.

Unsere Schüler werden auf dieses Vorhaben im AWT-Unterricht mit Hilfe eines selbst erstellten Erkundungsbogens ausführlich vorbereitet. Anschließend werden die einzelnen Ergebnisse von den Schülern ausgewertet und im Unterricht präsentiert.

Um die praxisnahen Inhalte des Lehrplans umsetzen zu können, bitten wir Sie deshalb, das **„Projekt Zugangserkundung"** zu unterstützen, indem Sie **einer Schülerin/einem Schüler an einem Tag** einen Einblick in die Berufs- und Arbeitswelt unter den oben genannten Kriterien ermöglichen. Die Zugangserkundung kann auch von Kleingruppen mit bis zu maximal drei Schülern durchgeführt werden.

Da die Zugangserkundung explizit im amtlichen Hauptschullehrplan verankert und somit ein verpflichtender Unterrichtsinhalt der 7. Jahrgangsstufe ist, sind unsere Schüler über die Schule (GUV) auf jeden Fall unfallversichert. Sachschäden, die von unseren Schülern verursacht werden, sind über eine private Haftpflichtversicherung der Eltern abgedeckt.

Falls Sie einer Schülerin/einem Schüler bzw. einer Kleingruppe von maximal drei Schülern der Schule eine Zusage für dieses Vorhaben erteilen, füllen Sie bitte den nachfolgenden Abschnitt aus und leiten diesen über die Schülerin/den Schüler **innerhalb von zwei Wochen** an die jeweiligen Klassenleiter zurück. Es würde uns sehr freuen, wenn Sie unser Anliegen unterstützen würden. Danke für Ihr Verständnis und Ihre Bemühungen bereits im Voraus.

Mit freundlichen Grüßen

Rektor Klassenleiterin/Klassenleiter

Firma/Betrieb

____

____

____

____

(Stempel)

erteilt folgender Schülerin/folgendem Schüler der

____

(Schule)

die Genehmigung zur Zugangserkundung am

____

(Datum des Erkundungstages)

Persönliche Daten der Schülerin/des Schülers:

Name: ____________________________
Vorname: ____________________________
geboren am: ____________________________
Straße und Hausnummer: ____________________________
Postleitzahl, Ort: ____________________________
Telefon der Eltern: ____________________________
Alternatives Telefon: ____________________________
Telefonnummer der Schule: ____________________________

Kontaktperson/Verantwortlicher im Betrieb:

____

Telefonisch erreichbar unter:

____

Anschrift des Betriebs:
(siehe oben)

Bitte leiten Sie dieses Formular über die Schülerin/den Schüler an die Schule zurück.
Bitte behalten Sie eine Kopie dieses Erfassungsbogens zur Sicherheit und für Ihre Zwecke.
Danke.

Meine Zugangserkundung

Erster Blick auf die Erkundung – Vorüberlegungen

❶ Woher kennst du diesen Betrieb? (Eltern, Verwandte, ...)

____

❷ Wer hat im Betrieb nachgefragt?

____

❸ Ich erkunde folgenden Beruf:

____

❹ Mein erkundeter Beruf gehört zu folgendem Sektor:

O Primärer Sektor: Urproduktion
O Sekundärer Sektor: Produktion
O Tertiärer Sektor: Dienstleistungen

❺ Wenn ich an den Erkundungstag denke, habe ich folgende Hoffnungen: Ich hoffe, dass ...

____

____

____

❻ Bei der Zugangserkundung würde mir

gefallen:	nicht gefallen:

❼ Das interessiert mich besonders:

____

____

____

____

Erkundungsbogen zu Betrieb und Arbeitsplätzen

I. Überblick über den Betrieb:

❶ Firma:

____

❷ Wer leitet die Firma?

____

❸ Seit wann besteht die Firma?

____

❹ Wie viele Beschäftigte sind im Betrieb?

____

❺ Welche Berufe werden ausgebildet?

____

____

❻ Was wird in diesem Betrieb hergestellt?

____

____

❼ Welche Dienstleistungen werden erbracht?

____

____

❽ Wo befinden sich die Kunden?

____

II. Berufe in diesem Betrieb:

❶ Wie heißt der Beruf, den du am Arbeitsplatz näher kennenlernst?

____

❷ Welche anderen Berufe werden noch ausgeübt?

____

____

III. Beobachtungen am Arbeitsplatz:

❶ Wo konntest du Beobachtungen machen? (Arbeitsort)

____

❷ Welche Eindrücke konntest du aufnehmen? (Auge, Ohr, Nase, ...)

Ich konnte sehen, ...

____

____

Ich konnte hören, ...

____

____

Ich konnte riechen, ...

____

____

Ich konnte fühlen, ...

❸ Welche Arbeit wird hier verrichtet?

IV. Nachfragen dazu:

❶ Wie empfinden Sie die Gerüche am Arbeitsplatz?

❷ Wie empfinden Sie die Geräusche am Arbeitsplatz?

V. Mein Eindruck von diesem Arbeitsplatz:

❶ Folgende Arbeitsbedingungen konnte ich erkennen:

❷ Folgende Maschinen/Geräte habe ich gesehen:

❸ Folgendes Material habe ich gesehen (mit dem hauptsächlich gearbeitet wird):

VI. Nachfragen dazu:

❶ Welche Voraussetzungen braucht jemand, der diesen Beruf ergreifen möchte?
Er/Sie muss...

❷ Gefällt Ihnen die Arbeit?

❸ Was gefällt Ihnen besonders/was weniger?

Raum für weitere Notizen:

Erkundungsbericht

Beschreibe eine Aufgabe einer von dir beobachteten Tätigkeit genauer:

Verwende auch Fachausdrücke und nenne die zum Einsatz gekommenen Maschinen/Geräte!

Qualität der Anforderungen am Arbeitsplatz

Berufsbezeichnung: ____________________

❶ Berufliche Fähigkeiten

In der Tabelle findest du berufliche Anforderungen. Du solltest mit Hilfe deines Betreuers nun eine Abstufung vornehmen. Setze Kreuze.
a) sehr hoch b) hoch c) durchschnittlich d) gering e) sehr gering

Du kannst die Liste der Anforderungen auch noch ergänzen.

	a)	b)	c)	d)	e)
Reaktionsfähigkeit					
Beobachtungsgabe					
Sinn für Genauigkeit					
Merkfähigkeit /Gedächtnis					
Sprachliche Ausdrucksfähigkeit					
Rechtschreibkenntnisse					
Gute Umgangsformen					
Konzentrationsfähigkeit					
Kontaktfähigkeit					
Fähigkeit zur Teamarbeit					
Belastbarkeit					
Raumvorstellungsvermögen					
Gestalterische Begabung					
Rechenkenntnisse					
Verständnis für technische Abläufe					
Fingergeschicklichkeit					
Geduld					
____________________					
____________________					

❷ Arbeitsort:

Wo befindet sich der Arbeitsort? (mehrere Nennungen möglich)

O Werkstatt O Kindergarten O wechselnde Orte O Baustelle
O im Freien O Kaufhaus O Praxis O in geschlossenen Räumen
O Büro O Industriebetrieb O Einzelhandel O Laden

❸ Arbeitsplatzbedingungen: (mehrere Nennungen möglich)

O körperlich anstrengend O überwiegend sitzend O grelles Licht
O zu kalt O viel Publikumsverkehr O gut klimatisiert

O überwiegend stehend
O viel Lärm
O dunkel
O Einzelarbeit
O erträgliche Belastungen
O ständig konzentriert
O ständig in Bewegung
O schmutzige Arbeit
O hektisch
O angenehme Atmosphäre
O viel Teamarbeit
O heiß

❹ Besondere Fähigkeiten:

Welche besonderen Fähigkeiten werden am Arbeitsplatz verlangt? (mehrere Nennungen möglich)

O Geschicklichkeit
O gute Sehfähigkeit
O guter mündlicher Ausdruck
O besondere Belastbarkeit
O hohe Ausdauer
O gute Hörfähigkeit
O sehr gute Umgangsformen
O großes Einfühlungsvermögen
O Kraft
O Geduld
O PC-Kenntnisse
O Teamfähigkeit

Beschreibung eines Ausbildungsberufes

Suche Informationen aus dem Internet oder dem „Beruf aktuell" (beim Lehrer erhältlich) zu einem Ausbildungsberuf, den du bei deiner Zugangserkundung kennengelernt hast.

❶ Wie viel verdient man im ersten, zweiten, dritten und ggf. vierten Lehrjahr?

___

___

❷ Wie oft geht man zur Berufsschule? (Teilzeit- oder Blockschule?)

___

❸ Wo ist die für diesen Beruf zugehörige Berufsschule?

___

❹ Wie sind die Zukunftsaussichten bei diesem Ausbildungsberuf? Warum gut/warum schlecht?

___

___

❺ Gibt es Lernhilfen (z. B. eine Ausbildungszeitschrift)?

___

❻ Nenne mindestens fünf Tätigkeiten, die in diesem Beruf ausgeübt werden.

___

___

❼ Welche Schlüsselqualifikationen braucht man bei diesem Beruf besonders?

___

___

❽ Welche schulischen Voraussetzungen müssen erfüllt sein, um diesen Ausbildungsberuf wählen zu können?

___

___

❾ Welche Weiterbildungsmöglichkeiten gibt es? (beruflicher Aufstieg?)

___

___

___

Zugangserkundung auswerten

Für die Auswertung deiner Zugangserkundung solltest du dieses Blatt ausfüllen und zuverlässig mitbringen.

Arbeitsaufgabe

Arbeitsort

Arbeitsmittel

Arbeitsbedingungen

Arbeitsgegenstände

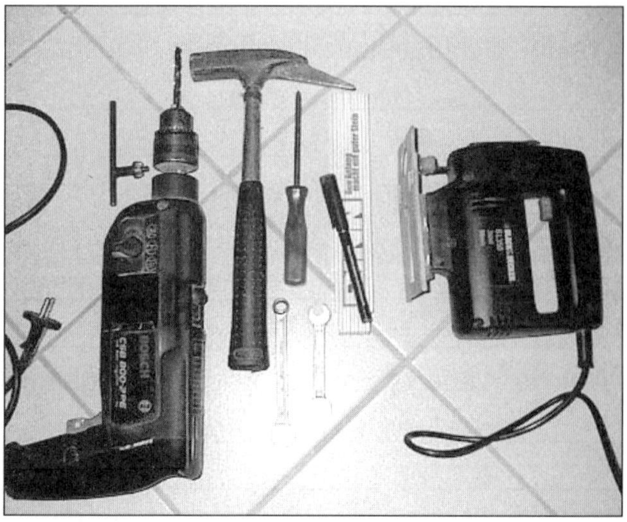

THEMA

Welche Formen von Arbeit gibt es?

LERNZIELE

- Wissen, dass man Arbeit nach verschiedenen Kriterien ordnen kann
- Berufe aus „Beruf aktuell“ den aufgestellten Kriterien zuordnen können
- Bewusst machen, dass man auch zwischen gelernten und ungelernten Arbeiten unterscheiden kann und Gefahren ungelernter Arbeiten erkennen

ARBEITSMITTEL / MEDIEN / LITERATURHINWEISE

Folien, Arbeitsblatt, Beruf aktuell

TAFELBILD / FOLIEN

Welche Formen von Arbeit gibt es?

Körperliche Arbeit

Floristin bei der Blumenpflege

Geistige Arbeit

Industriemechaniker beim Programmieren einer Maschine

Dienst leistende Arbeit

Altenpflegerin bei der Messung des Blutdrucks

Verwaltende Arbeit

Sekretärin

Waren produzierende Arbeit

Bäcker bei der Herstellung von Brot

**➩ Arbeit lässt sich unter verschiedenen Gesichtspunkten ordnen.
Wir unterscheiden körperliche und geistige Arbeit, Dienste leistende, verwaltende und Waren produzierende Arbeit.**

STUNDENBILD

I. Hinführung

Stummer Impuls	Folie 1	Bilder verschiedener Berufe
		SSS beschreiben Bilder
		L: Es gibt also verschiedene Formen von Arbeit.
Zielangabe	TA	**Welche Formen von Arbeit gibt es?**

II. Erarbeitung

	AB	L: Auf deinem Arbeitsplatz findest du eine Beschreibung der Arbeiten.
		SSS arbeiten
		SSS erarbeiten mit dem Partner Arbeitsauftrag
	TA	Sammeln der Zuordnung
		L: Durch die erarbeiteten Kriterien lässt sich jede Arbeit einordnen.
Zsf.	TA	Merksatz formulieren
		Arbeit lässt sich unter verschiedenen Gesichtspunkten ordnen. Wir unterscheiden körperliche und geistige Arbeit, Dienste leistende, verwaltende und Waren produzierende Arbeit.

III. Sicherung

		SSS übernehmen TA als Eintrag
	Folie / AB / Beruf aktuell	
		SSS ordnen weitere Berufe zu / ein

IV. Vertiefung

		L: Kannst du den einen oder anderen Beruf mehreren Feldern zuordnen?
LSG		
Ergebnis		Bei jeder körperlichen Arbeit muss auch geistige Arbeit vollbracht werden.
	Folie 2	SSS besprechen Bild
		Raumpfleger in einer Schule
Impuls		L: Ihr könnt nun noch ein weiteres Unterscheidungs- bzw. Ordnungskriterium erkennen.
LSG		
Ergebnis		SSS: gelernte / ungelernte Arbeit
Impuls		L: Nenne weitere ungelernte Arbeiten.
LSG		
Impuls		L : Probleme, Gefahren ungelernter Arbeit
LSG		
Ergebnis		➪ oft schwerere körperliche Arbeiten
		➪ eintönige Arbeiten
		➪ in Krisenzeiten schneller Arbeitsplatzverlust

AWT	Name	Klasse	Datum	Nr.

Formen von Arbeit

Frau Engel: Ich arbeite als Floristin in einer großen Gärtnerei. Mein Spezialgebiet ist die Züchtung von Rosen. Oft werde ich auch geholt, um öffentliche Grünanlagen zu pflegen. Das ist eine sehr schöne, aber auch körperlich anstrengende Arbeit.

Herr Müller: Das, was ich jeden Tag herstelle, soll nicht nur schmecken, sondern auch noch gut aussehen. Als Bäcker führe ich daher viele Tätigkeiten aus, um Waren zu produzieren: Ich muss Zutaten abwiegen, Teig kneten, Brezen formen und vieles mehr.

Frau Emsig: Seit einigen Jahren arbeite ich als Sekretärin in einer Schule. Dabei bin ich für Telefonate zuständig und regle den täglichen Schriftverkehr. Ich verwalte alle Schülerakte. Auch der EDV-Bereich gehört zu meinen Aufgaben. Ich habe hauptsächlich verwaltende Tätigkeiten.

Frau Rührig: Meine Tätigkeiten bestehen darin, dass ich mich um alte Menschen kümmere. Ich leiste täglich viele Dienste: Je nach Schicht, in der ich eingeteilt bin, kümmere ich mich um die tägliche Hygiene der Menschen, verabreiche ihnen das Frühstück und messe ihren Blutdruck.

Herr Schlau: Ich arbeite in einem großen Industriebetrieb. Wir produzieren Waren, genauer gesagt Tuben, die man z. B. mit Zahnpasta befüllen kann. Zu meinen Tätigkeiten gehört, dass ich die Maschinen so programmiere, dass die Tuben die gewünschte Größe haben.

Arbeitsaufträge für die Partnerarbeit:

❶ Schreibe je eine Tätigkeit eines Berufes in eine Spalte.
❷ Finde Überbegriffe pro Spalte.

Differenzierung: Ordne folgende Überbegriffe den jeweiligen Tätigkeiten zu:
Körperliche Arbeit - Waren produzierende Arbeit - geistige Arbeit - Dienste leistende Arbeit - verwaltende Arbeit

⇨ ______________________________

____

Übung: Suche im „Beruf aktuell" weitere Berufe und ordne sie dem jeweiligen Kriterium zu.

Folie 1:

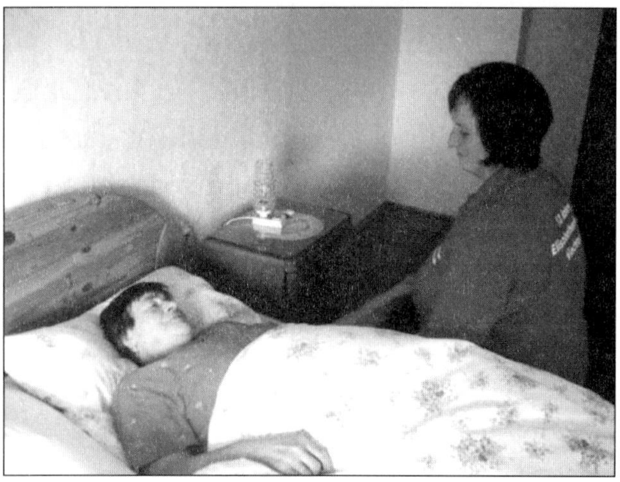

Folie 2:

THEMA

Wie kann man Berufe ordnen?

LERNZIELE

- Wissen, dass man Berufe in zwölf Tätigkeitsbereiche ordnen kann
- Berufe u. a. aus „Beruf aktuell“ in die Tätigkeitsbereiche ordnen können
- Bewusst machen, dass die Ordnung von Berufen ein Zurechtfinden ermöglicht
- Die drei Wirtschaftssektoren als weitere Ordnungsmöglichkeit kennenlernen

ARBEITSMITTEL / MEDIEN / LITERATURHINWEISE

Folien, Arbeitsblatt, Beruf aktuell

TAFELBILD / FOLIEN

Wie kann man Berufe ordnen?

Material verarbeiten | **Untersuchen und messen** | **Bebauen und züchten**

Schreiner | Laborantin | Landwirtin

Gestalten | **Zusammenbauen und montieren**

Friseurin | Uhrmacher

Bedienen und überwachen von Maschinen und Anlagen

Drucker

Gestalten von Medienprodukten und zeichnen

Werbegrafiker

Wirtschaften | **Sichern, in Ordnung halten**

Bürokauffrau | Schornsteinfeger

Verwalten | **Versorgen und betreuen** | **Bedienen und beraten**

Anwaltsgehilfin | Altenpflegerin | Verkäufer

STUNDENBILD

I. Hinführung		
Stummer Impuls	Folie 1 (Teil 1)	Kopf mit Gedankenblase verschiedener Berufe SSS: Der Mensch macht sich Gedanken darüber, für welchen Beruf er sich entscheiden soll.
	Folie 1 (Teil 2)	Gedankenblase ... wie soll ich mich da ...
		SSS: Irgendwie könnte man Berufe vielleicht ordnen
Zielangabe	TA	**Wie kann man Berufe ordnen?**
II. Erarbeitung		
	PA	L: Hast du eine Idee, wie man Berufe ordnen könnte? Besprich dich mit deinem Nachbarn. SSS: bearbeiten, vermuten L: Du hattest gute Ideen. Wir wollen heute die Berufe nach den sogenannten Tätigkeitsfeldern ordnen.
	AB	L: Versuche mit deinem Partner die Berufe, die auch auf der Folie standen, in die jeweilige Spalte einzuordnen. SSS: arbeiten, ordnen
Differenzierungs-möglichkeit		L: Ordne die Berufe deiner Familienangehörigen ein.
	TA	Sammeln der Zuordnung
Zsf.	TA	➪ Merksatz formulieren
III. Sicherung		
		SSS übernehmen TA als Eintrag
	Folie/AB/ Beruf aktuell	SSS ordnen weitere Berufe zu/ein
IV. Vertiefung		
	LSG	L: Es gibt noch weitere Möglichkeiten, Berufe zu ordnen.
	Folie 2	Eine davon sind die drei Wirtschaftssektoren. • SSS ordnen Beispiel zu • SSS ergänzen mit eigenen Beispielen • Berufe aus dem Arbeitsblatt den Sektoren zuordnen und begründen

AWT	Name	Klasse	Datum	Nr.

Wie kann man Berufe ordnen?

Material verarbeiten	**Untersuchen und messen**	**Gestalten**
Zusammenbauen, montieren	**Bedienen und Über-wachen von Maschinen und Anlagen**	**Bebauen und züchten**
Gestalten von Medienprodukten und zeichnen	**Bedienen und beraten**	**Wirtschaften**
Verwalten	**Sichern, in Ordnung halten**	**Versorgen und betreuen**

Ordne die Berufe dem jeweiligen Tätigkeitsbereich zu:

Schreiner - Uhrmacher - Landwirtin - Schornsteinfeger - Drucker - Friseurin - Verkäufer - Anwaltsgehilfin - Laborantin - Werbegrafiker - Bürokauffrau - Altenpflegerin

Folie 1:

Folie 2: Die drei Wirtschaftssektoren

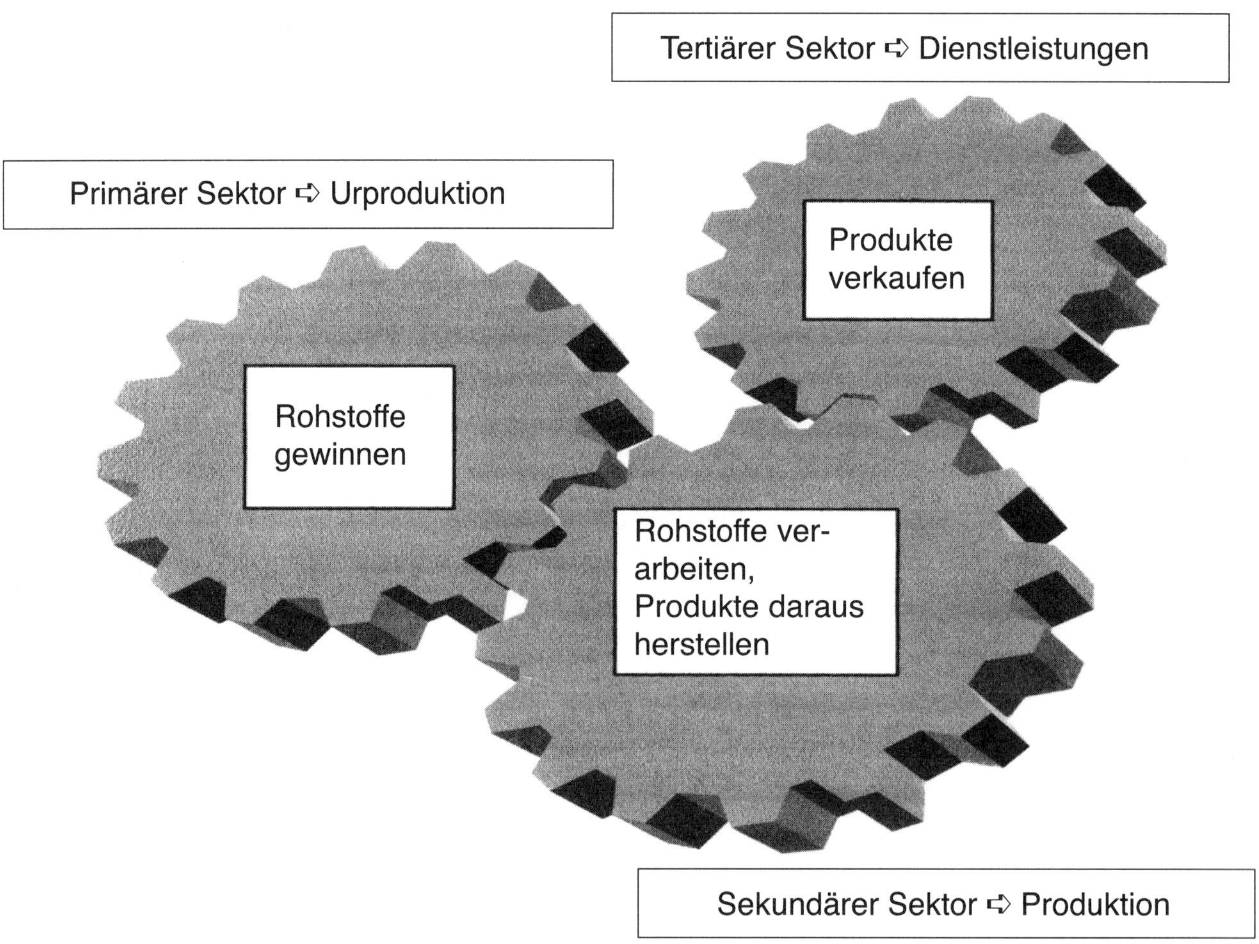

Ordne den einzelnen Sektoren zu:
Marmeladenherstellung - Obstplantage - Marmeladenverkauf

THEMA
Unsere persönlichen Sichtweisen von Arbeit und Beruf

LERNZIELE
- Wissen, welche Gründe Erwachsene für Arbeit und Beruf angeben
- Die eigene Sichtweise von Arbeit und Beruf überdenken
- Die unterschiedlichen Sichtweisen von Arbeit und Beruf miteinander vergleichen können

ARBEITSMITTEL / MEDIEN / LITERATURHINWEISE
Folien, Arbeitsblatt, Wortkarten

TAFELBILD / FOLIEN

Unsere persönlichen Sichtweisen von Arbeit und Beruf

Zu dieser Unterrichtseinheit gibt es kein vorgefertigtes Tafelbild, da sich die Meinungen der Schüler in jeder Klasse unterscheiden werden. Die Wortkarten aus der Erarbeitungsphase sollten jedoch an der Tafel zur Weiterarbeit in der Vertiefungsphase aufgehängt werden und sichtbar bleiben. Möglich ist auch, dass die Schüler die Meinungen der Klasse als Eintrag abschreiben.

Das Standogramm ist eine gedachte Linie im Klassenzimmer.

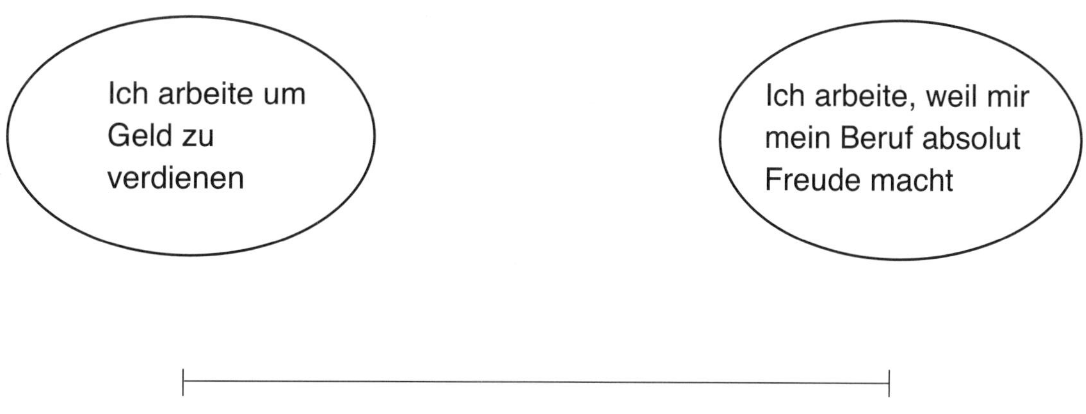

STUNDENBILD

I. Hinführung

Stummer Impuls	Folie 1	
		SSS äußern sich ➪ Gründe, weshalb Menschen arbeiten L: Kennst du noch weitere Gründe, wenn du an deine Eltern denkst? SSS äußern sich L: Heute interessiere ich mich aber für eure Sichtweisen.
Zielangabe	TA	**Persönliche Sichtweisen von Arbeit und Beruf**

II. Erarbeitung

		L: Die Aussagen eurer Eltern bewegen sich zwischen zwei Polen: **Geld verdienen/Traumberuf** L: Jetzt würde mich deine Meinung dazu interessieren.
	Standogramm	• Schüler ordnen sich zwischen beiden Polen ein • Kurze Begründung verschiedener Schüler zu ihrem Standpunkt
	Wortkarten/TA	L: Wie empfindest du persönlich Arbeit und Beruf? Die eigene, persönliche Sichtweise zum Thema Arbeit und Beruf aufschreiben und aufhängen

III. Sicherung

		SSS wiederholen ihre Eindrücke, fassen zusammen L: Wer das Tafelbild genau im Kopf hat, weiß, dass eure Wortkarten nach einem bestimmten Kriterium geordnet waren. Trennung in Mädchen/Jungen SSS äußern sich

IV. Vertiefung

		L: Betrachte die Wortkarten an der Tafel, vergleiche und beschreibe Auffälligkeiten. L: In der Gruppe wollen wir unsere Erkenntnisse noch vertiefen
	GA/AB	Unterschiedliche, persönlichen Sichtweisen von Mädchen und Jungen zum Thema Arbeit und Beruf SSS arbeiten

Hausaufgabe:

Erstelle ein Blatt, auf dem du deinen Berufswunsch kurz darstellst und auch deine persönliche Sichtweise zu Arbeit und Beruf darlegst. Dieses Blatt heften wir dann in einen Ordner, den wir in der nächsten Stunde anlegen wollen.

AWT	Name	Klasse	Datum	Nr.

Unsere persönlichen Sichtweisen von Arbeit und Beruf

Arbeitsaufträge zur Gruppenarbeit:

❶ Viele **Jungen** werden **KFZ-Mechatroniker**, **Einzelhandelskaufmann** oder **Koch**. Warum sind diese Berufe bei Jungen so beliebt?

Begründet eure Antwort in einem ganzen oder mehreren vollständigen Sätzen.

❷ Warum werden so viele **Einzelhandelskauffrau** oder **Bürokauffrau**?

Begründet eure Antwort in einem ganzen oder mehreren vollständigen Sätzen.

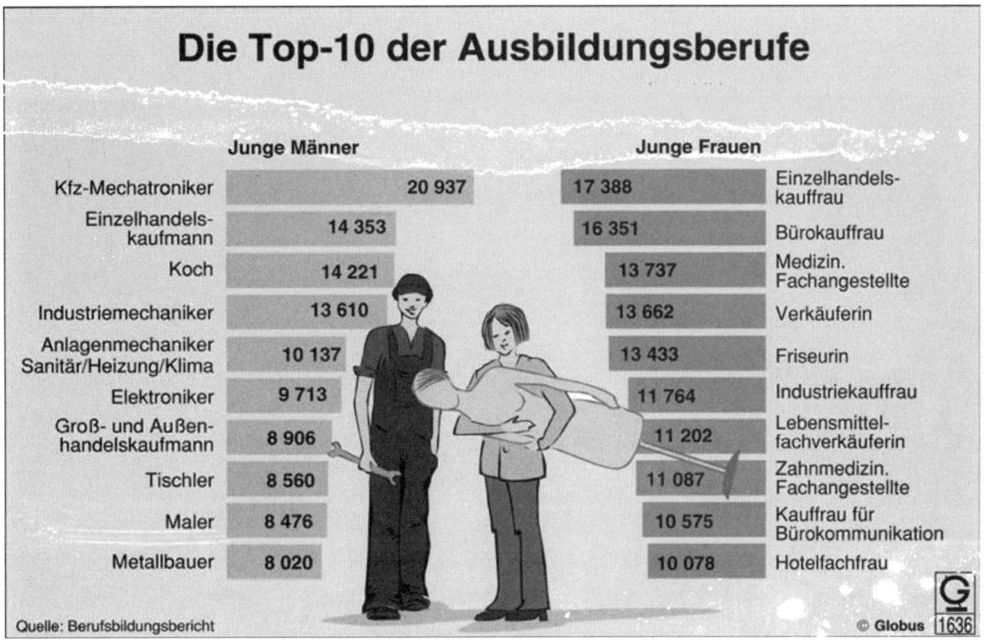

❸ Was ist **euch/dir** für das zukünftige Arbeits- und Berufsleben **am wichtigsten**?
Geld? Anerkennung? Eine interessante Tätigkeit? Freiheit? Freizeit? ...? ...? ...?
Sucht/Suche nach Antworten und tragt/trage diese in einer Art Klassenumfrage zusammen.

Folie 1:

Aussagen von Menschen ➪ Gruppenbild

Herr Münster:
„Ich bin KfZ-Mechatroniker. Mein Beruf macht mir Freude und ich bin stolz auf meine Arbeit."

Frau Maler:
„Als Altenpflegerin bin ich echt gefordert. Aber es ist ein unglaublich tolles Gefühl, anderen zu helfen."

Herr Braun:
„Natürlich macht mir mein Beruf als Maler auch großen Spaß. Doch wichtiger ist mir noch, dass ich dabei gutes Geld verdiene."

THEMA

Mein Weg in die Zukunft

LERNZIELE

- Wissen, was bisher im Leben war, wie es im Augenblick aussieht und Zukunftspläne treffen
- Sich mit der eigenen künftigen Lebensgestaltung befassen
- Bewusst machen, wie das weitere Leben aussehen soll
- Eine Dokumentation des eigenen Berufswahlprozesses beginnen ➪ Berufswahlordner

ARBEITSMITTEL / MEDIEN / LITERATURHINWEISE

Folien, Arbeitsblätter

TAFELBILD / FOLIEN

Mein Weg in die Zukunft

Folie:

STUNDENBILD

I. Hinführung

Stummer Impuls	Folie 1	
		SSS: Der Junge macht sich Gedanken über das, was bisher in seinem Leben war und über das, was noch kommen wird; Wünsche, Träume
Zielangabe	TA	**Mein Weg in die Zukunft**

II. Erarbeitung

LSG		L: Sicherlich hast auch du dir schon Gedanken darüber gemacht, wie dein späteres Leben einmal aussehen könnte. SSS: erzählen L: Damit du hier nicht nur über deine Wünsche und Träume berichtest, sondern eine ganz konkrete Planung vollziehst, habe ich zwei Arbeitsblätter, die dir dabei helfen.
	AB 1/2	SSS: arbeiten

III. Sicherung

SSS stellen ihre eigenen Entwürfe in der Klasse vor und vergleichen

IV. Vertiefung

LSG		L: Gibt es Unterschiede zwischen den Lebensplanungen der Mädchen und Jungen? ➪ Auswertung L: Woran könnte das liegen? ➪ Auswertung

AWT	Name	Klasse	Datum	Nr.

Mein persönliches Profil

Das bin ich

Klebe hier ein aktuelles
Foto von dir ein!

Name: ____________________

Straße: ____________________

Wohnort: ____________________

Alter: ____________________

Hobbys: ____________________

____

____

Am besten kann ich:

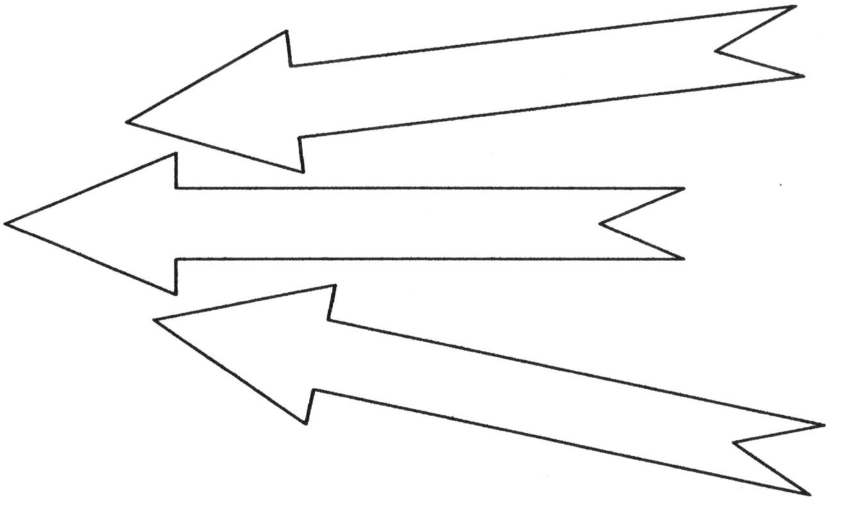

Am liebsten möchte ich:

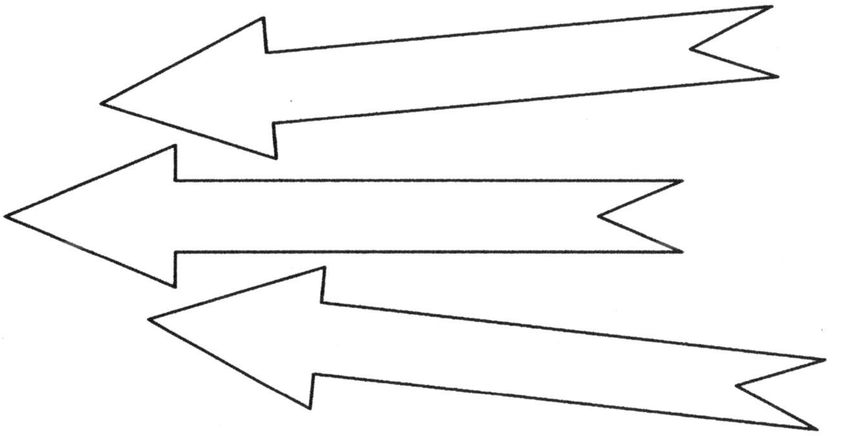

AWT	Name	Klasse	Datum	Nr.

Mein Lebensbaum

LEBENSJAHRE	
	40
	35
	30
	25
	20
	15
	10
	5

Schuleintritt

Entwirf deine eigenen Zukunftspläne! Was möchtest du mit 40 Jahren alles erreicht haben? Du kannst folgende Gedanken verwenden oder eigene eintragen und ergänzen:

7. Klasse - Schulabschluss - Lehre als ... - Bundeswehr/soziales Jahr - eigenes Auto - Heirat - Berufstätigkeit - ein Kind - Erziehungsurlaub - eigenes Haus - Erfolg im Beruf - zweites Kind - Weltreise ...

THEMA

Der erste Schritt zu meiner Berufswahl - Stationenlauf

LERNZIELE

- Interessen und Fähigkeiten zuordnen können und dabei berufliche Interessen entdecken
- Persönliche Fähigkeiten und Fertigkeiten reflektieren und berufliche Interessen bewerten
- Sich bewusst werden über die eigenen Fähigkeiten und Fertigkeiten
- Eine Dokumentation des eigenen Berufswahlprozesses beginnen ➪ Berufswahlordner

ARBEITSMITTEL / MEDIEN / LITERATURHINWEISE

Folien, Arbeitsblätter, evtl. Prospekte der Bundesagentur für Arbeit zur Berufswahlvorbereitung

TAFELBILD / FOLIEN

Station 1: Lösung

Welche Fähigkeiten brauchst du für welche Interessen? Ordne zusammen, was zusammen gehört. Verbinde mit Pfeilen!

Interessen	**Fähigkeiten**
Du entwickelst gerne Ideen.	Logisches Denkvermögen
Du liebst Knobelspiele.	Handwerkliches Geschick
Du hilfst gerne anderen Menschen.	Teamfähigkeit
Du hältst gerne Referate.	Einfallsreichtum und Kreativität
Du arbeitest gerne mit Holz, Metall usw.	Sprachliche Ausdrucksfähigkeit
Es macht dir Spaß etwas genau zu bearbeiten.	Konzentrationsfähigkeit
Du erledigst jede Gartenarbeit.	Kontaktfähigkeit
Du lernst gerne neue Freunde kennen.	Gewissenhaftigkeit
Deine Hausaufgaben nimmst du immer genau.	Körperliche Belastbarkeit
Du würdest am liebsten den ganzen Tag vor dem PC sitzen.	Ausdauer

Station 2: Lösung

Hier brauchst du ein eigenes Blatt oder dein Heft. Ordne folgende Interessen in die jeweilige Spalte!

Berufliche Interessen	**Nicht berufliche Interessen**
lernen	singen
etwas reparieren	schwimmen
rechnen	basteln
zeichnen	erzählen
nähen	DVD schauen
kochen	PC-Spiele
im Garten arbeiten	
Fehler beheben	
mit dem PC arbeiten	

Bei den Stationen 3 bis 7 sind individuelle Lösungen möglich.

STUNDENBILD

I. Hinführung

L: In der vergangenen Stunde hast du dich mit deinem Lebensplan/Lebensbaum auseinandergesetzt.
Um deine Interessen, Stärken und Schwächen besser kennen zu lernen, solltest du dich heute mit verschiedenen Stationen beschäftigen.

II. Erarbeitung

Vorgehensweise beim Stationenlauf erklären:

- Für jeden Schüler liegt bei jeder Station ein Blatt auf.
- Je nach Klassengröße arbeiten immer zwei oder vier Schüler an einer Station. Jedoch ist lediglich bei Station 4 PA nötig. Sonst erfolgt die Erarbeitung in EA.

AB

SSS: arbeiten an den Stationen

III. Sicherung

L: Ich möchte nun wissen, wie es dir bei der Bearbeitung der Stationen ergangen ist und was du daraus für deine Zukunft mitnimmst.
SSS: nennen und diskutieren

IV. Vertiefung

LSG

L: Damit du dich noch intensiver und für dich spezieller mit dem Thema „Berufswahl" auseinandersetzen kannst, helfen dir verschiedene Schriften der Bundesagentur für Arbeit:

Mach‘s richtig
Beruf aktuell
Was werden
Alles klar? Beruf regional

Mögliche (längerfristige)
Hausaufgabe:
Jeder Schüler sucht sich einen Beruf (evtl. Traumberuf) und erstellt ein Übersichtsblatt dazu: Arbeitsplatzmerkmale, Schulabschluss, Ausbildung und vor allem benötigte Fähigkeiten und Fertigkeiten, damit eine Reflexion mit dem eigenen Anforderungsprofil möglich ist.

Station 1:
Ordne Interessen und Fähigkeiten zu.

Welche Fähigkeiten brauchst du für welche Interessen? Ordne zusammen, was zusammen gehört! Verbinde mit Pfeilen!

Interessen	**Fähigkeiten**
Du entwickelst gerne Ideen.	Logisches Denkvermögen
Du liebst Knobelspiele.	Handwerkliches Geschick
Du hilfst gerne anderen Menschen.	Teamfähigkeit
Du hältst gerne Referate.	Einfallsreichtum und Kreativität
Du arbeitest gerne mit Holz, Metall usw.	Sprachliche Ausdrucksfähigkeit
Es macht dir Spaß etwas genau zu bearbeiten.	Konzentrationsfähigkeit
Du erledigst jede Gartenarbeit.	Kontaktfähigkeit
Du lernst gerne neue Freunde kennen.	Gewissenhaftigkeit
Deine Hausaufgaben nimmst du immer genau.	Körperliche Belastbarkeit
Du würdest am liebsten den ganzen Tag vor dem PC sitzen.	Ausdauer

Station 2:
Entdecke berufliche Interessen.

Hier brauchst du ein eigenes Blatt oder dein Heft. Ordne folgende Interessen in die jeweilige Spalte!

Berufliche Interessen	**Nicht berufliche Interessen**

singen	lernen	schwimmen	basteln	erzählen
DVD schauen	etwas reparieren	rechnen	zeichnen	nähen
kochen	im Garten arbeiten	Fehler beheben	mit dem PC arbeiten	PC-Spiele

Station 3:
Checke deine persönlichen Fähigkeiten und Fertigkeiten.

Kreuze Zutreffendes an!

Persönlichkeitsmerkmale	trifft zu	trifft manchmal zu	trifft nicht zu
Es fällt mir leicht, die Meinung anderer zu akzeptieren. ➪ **Aufgeschlossenheit**			
Ich werde selbst tätig, auch wenn ich gerade keine Aufgabe erledigen muss. ➪ **Eigeninitiative**			
Ich weiß genau, was ich will und was ich kann. ➪ **Selbstbewusstsein**			
Ich bin bereit, auch harte Anforderungen zu erfüllen. ➪ **Leistungsvermögen**			
Neues zu lernen finde ich toll. ➪ **Lernbereitschaft**			
Ich verstehe schnell, wenn wir etwas Neues lernen. ➪ **Auffassungsvermögen**			
Es fällt mir leicht, fremde Menschen kennenzulernen. ➪ **Kontaktfähigkeit**			
Ich bin nicht beleidigt, wenn mich andere einmal kritisieren. ➪ **Kritikfähigkeit**			
Auf mich kann man sich immer verlassen. ➪ **Zuverlässigkeit**			
Ich bin schnell von einer neuen Sache begeistert. ➪ **Begeisterungsfähigkeit**			
Ich helfe gerne, wenn andere mich brauchen. ➪ **Hilfsbereitschaft**			
Ich muss mich nicht immer durchsetzen. ➪ **Kompromissbereitschaft**			
Ich kann mich solange mit einer Aufgabe beschäftigen, bis sie erledigt ist. ➪ **Ausdauer**			
Selbst wenn ich zur Hausaufgabe keine Lust habe, erledige ich sie immer. ➪ **Selbstdisziplin**			
Was ich mir vorgenommen habe, versuche ich auch zu erreichen. ➪ **Zielstrebigkeit**			

Station 4:
Partnerarbeit zur Selbst- und Fremdeinschätzung von Fähigkeiten und Fertigkeiten

Aufgabe:

❶ Hier findest du zwei Blätter.
❷ Auf Blatt 1 sollst du dich selbst einschätzen.
❸ Blatt 2 füllst du für deinen Partner aus. Wie schätzt du ihn ein?
❹ Vergleiche dann deine Einschätzung deines Partners mit seiner Selbsteinschätzung.
❺ Sprecht über eure Ergebnisse.

Blatt 1

	Trifft auf mich voll zu	Trifft auf mich zu	Trifft auf mich manchmal zu
Teamarbeit			
Einfallsreichtum			
Planen können			
Belastungen ertragen			
Fingerfertigkeit			
Kontaktfähigkeit			
Kreativität			
Hilfsbereitschaft			
Gewissenhaftigkeit			
Ausdauer			
Logisches Denkvermögen			

Station 4: Partnerarbeit zur Selbst- und Fremdeinschätzung von Fähigkeiten und Fertigkeiten

Blatt 2

Mein Partner ist: ______________________________

	Trifft auf mich voll zu	Trifft auf mich zu	Trifft auf mich manchmal zu
Teamarbeit			
Einfallsreichtum			
Planen können			
Belastungen ertragen			
Fingerfertigkeit			
Kontaktfähigkeit			
Kreativität			
Hilfsbereitschaft			
Gewissenhaftigkeit			
Ausdauer			
Logisches Denkvermögen			

Station 5:
Bewerte berufliche Interessen!

sich körperlich anstrengen

etwas reparieren

rechnen

lernen

mit Pflanzen arbeiten

mit dem PC arbeiten, z. B. Textverarbeitung

Tiere pflegen

jemandem zuhören

genau arbeiten

anderen helfen

Geräte untersuchen

mit Holz oder Ähnlichem arbeiten

intensiv mit einer Aufgabe beschäftigen

kreativ sein

Ordne die angegebenen beruflichen Interessen nach ihrer Bedeutung für dich! Beginne mit dem Wichtigsten! Arbeite auf deinem Blatt oder in deinem Heft!

Station 6:
Finde Beispiele für deine Stärken und Schwächen.

Liste:

Hand- und Fingergeschick - körperliche Leistungsfähigkeit - Teamfähigkeit - Kontaktfähigkeit - Sprachbeherrschung - Gewissenhaftigkeit

Fähigkeiten	Meine Stärke	Meine Schwäche
Hand - und Fingergeschick	z. B. ich kann gut zupacken	z. B. ich kann nicht so gut mit kleinen Dingen arbeiten

Ergänze die Tabelle mit deinen eigenen Beispielen! Arbeite auf deinem Block oder im Heft!

Station 7:
Wer bist du?
Finde zutreffende Eigenschaften und gestalte damit ein Bild.

Aus diesen Eigenschaften kannst du wählen und/oder ergänzen:
mutig - gesellig - schüchtern - zurückhaltend - dickhäutig - reizbar - cool - hübsch - gutmütig - hilfsbereit - tapfer - kräftig - lustig - stur - lebhaft - musikalisch - kreativ - verlässlich - pünktlich - zuverlässig - großzügig - sportlich - klein - groß - zierlich - schlau - intelligent - sanft - still - zickig - verträumt - romantisch - fleißig - strebsam - ängstlich

Gestalte z. B. eine Blume:

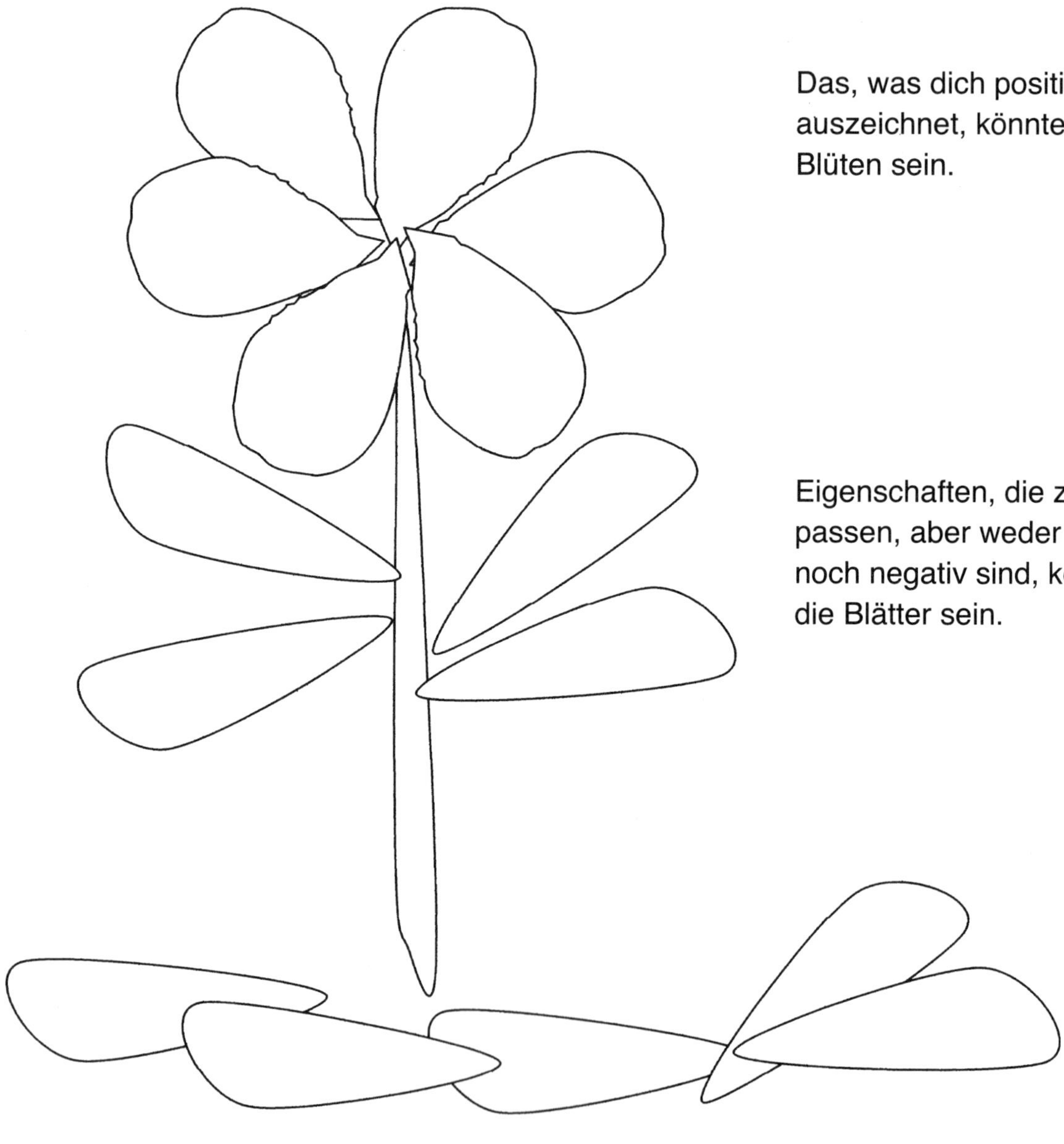

Das, was dich positiv auszeichnet, könnten Blüten sein.

Eigenschaften, die zu dir passen, aber weder positiv, noch negativ sind, könnten die Blätter sein.

Am Boden können Eigenschaften liegen, auf die du nicht besonders stolz bist.

Wichtig:
Du entscheidest selbst, wie viele Blüten, Blätter u. a. du hast!
Auch jede andere Darstellung ist willkommen. Sei kreativ!

THEMA

Überprüfe dein Wissen: Wiederholen, Üben, Anwenden, Vertiefen

LERNZIELE

• Die Schüler wiederholen, üben und vertiefen ihr Wissen aus den vorangegangenen Stunden

ARBEITSMITTEL / MEDIEN / LITERATURHINWEISE

Stationenkarten, Folienstifte, Eieruhr für Station 6

TAFELBILD / FOLIEN

1. Station: Erkundungsfragen

2. Station: Rollenspiel

3. Station: Verhaltensregeln

4. Station: Suchrätsel

5. Station: Präsentationsmethoden

6. Station: Beobachtungsübung

7. Station: Anforderungen finden

8. Station: Berufe raten

9. Station: Berufswahlordner

10. Station: Stärken - Schwächen

11. Station: Hilfen bei der Berufswahl

12. Station: Arbeitsplatzmerkmale

13. Station: Vorbereitung der Zugangserkundung

14. Station: Formen von Arbeit

Hinweis:
Für den Stationenlauf sollten die Karten laminiert werden, damit die Schüler teilweise auch darauf arbeiten können. Es gibt 14 Stationen. Am besten arbeiten die Schüler in Partnerarbeit an den Stationen. An manchen Stationen gibt es Punkte. Das Team mit den meisten Punkten ist Sieger.

STUNDENBILD

I. Hinführung

L: Du hast dich nun intensiv mit dem Thema Erwerbsarbeit und Beruf auseinandergesetzt. Heute kannst du dein Wissen noch einmal überprüfen.

II. Erarbeitung

Vorgehensweise beim Stationenlauf erklären

AB — SSS: arbeiten an den Stationen

III. Sicherung

L: Ich möchte nun wissen, wie es dir bei der Bearbeitung der Stationen ergangen ist.
SSS: nennen

Lösung zur 4. Station:

B	M	I	M	O	K	L	A	O	U	P	R
H	I	E	G	E	L	D	F	H	U	N	G
A	M	O	Z	T	G	U	L	O	U	P	K
O	P	B	N	I	E	B	E	I	R	U	W
A	P	F	E	L	N	C	B	P	L	D	E
B	H	U	A	M	J	Z	E	Z	A	U	G
G	E	R	U	M	U	I	N	Z	U	T	R
A	E	S	F	G	I	L	S	M	B	B	V
P	O	U	G	H	A	L	S	E	W	R	T
T	G	F	A	H	M	K	I	N	D	E	R
B	E	R	B	A	W	E	N	E	T	Z	T
P	O	L	E	T	F	R	N	A	E	T	Z

1. Station: Erkundungsfragen

Arbeitsauftrag:
Bei der Zugangserkundung hast du viele Fragen gestellt. Schreibt zusammen so viele Fragen auf, wie euch einfallen!

Pro Frage 1 Punkt für euer Team!

2. Station: Rollenspiel

Arbeitsauftrag:
Spiele mit deinem Partner die telefonische Anmeldung für eine Zugangserkundung!

3. Station: Verhaltensregeln

Arbeitsauftrag:
Bei deiner Zugangserkundung hast du die „10 Gebote“ berücksichtigst. Wie viele wisst ihr noch auswendig?

Pro Regel 1 Punkt!

5. Station: Präsentationsmethoden

Arbeitsauftrag:
Nach deiner Zugangserkundung hast du deine Erfahrungen präsentiert.
Welche Methode wurde angewendet?
Beschreibe sie genauer!

6. Station: Beobachtungsübung

Arbeitsauftrag:
Unter dem Tisch liegen zehn Gegenstände. Betrachte sie etwa 30 Sekunden und decke sie dann wieder ab!
Wie viele Gegenstände wisst ihr noch?

Pro Gegenstand 1 Punkt!

7. Station: Anforderungen finden

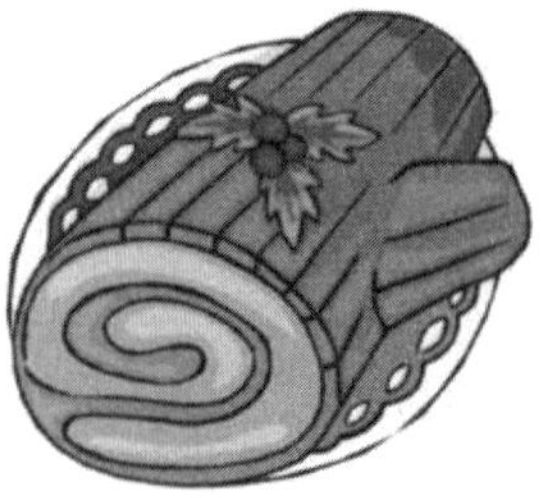

Arbeitsauftrag:
Nenne fünf Anforderungen, die an einen Schreiner oder an einen Florist gestellt werden!

Pro Anforderung 1 Punkt!

8. Station: Berufe raten

Arbeitsauftrag:
Ein Teammitglied stellt pantomimisch einen Beruf dar.
Die anderen erraten.

Pro Beruf 1 Punkt!

9. Station: Berufswahlordner

Arbeitsauftrag:
Was ist bisher alles in deinem Berufswahlordner?
Zähle auf!

10. Station: Stärken – Schwächen

Arbeitsauftrag:
Nenne je fünf deiner Stärken und Schwächen!
Vergleiche, ob dein Partner deiner Meinung ist!

11. Station: Hilfen bei der Berufswahl

Arbeitsauftrag:
Bei deiner Berufswahl können dir verschiedene Personengruppen helfen.
Nenne sie!

12. Station: Arbeitsplatzmerkmale

Arbeitsauftrag:
Nenne die fünf Arbeitsplatzmerkmale und finde je ein Beispiel!

Pro Merkmal mit Beispiel 1 Punkt!

13. Station: Vorbereitung der Zugangserkundung

Arbeitsauftrag:
Was musst du alles bedenken, wenn du eine Zugangserkundung vorbereiten möchtest?

Pro Gedanke 1 Punkt!

14. Station:
Formen der Arbeit

Arbeitsauftrag:
Nenne je zwei Berufe:
Dienste leistende Arbeiten, verwaltende Arbeiten, Waren produzierende Arbeiten.

Pro Beruf 1 Punkt!

4. Station:
Suchrätsel

Arbeitsauftrag:
Du findest im Buchstabengitter sechs Lohnformen.
Du solltest auch die Diagonalen berücksichtigen!

Pro Begriff 1 Punkt!

B	M	I	M	O	K	L	A	O	U	P	R
H	I	E	G	E	L	D	F	H	U	N	G
A	M	O	Z	T	G	U	L	O	U	P	K
O	P	B	N	I	E	B	E	I	R	U	W
A	P	F	E	L	N	C	B	P	L	D	E
B	H	U	A	M	J	Z	E	Z	A	U	G
G	E	R	U	M	U	I	N	Z	U	T	R
A	E	S	F	G	I	L	S	M	B	B	V
P	O	U	G	H	A	L	S	E	W	R	T
T	G	F	A	H	M	K	I	N	D	E	R
B	E	R	B	A	W	E	N	E	T	Z	T
P	O	L	E	T	F	R	N	A	E	T	Z

THEMA

Welche Einkommensarten gibt es?

LERNZIELE

- Wissen, dass es verschiedene Einkommensquellen gibt
- Die Einkommensarten mit Beispielen belegen können
- Bewusst werden, dass man nur so viel ausgeben kann, wie man an Einkommen zur Verfügung hat

ARBEITSMITTEL / MEDIEN / LITERATURHINWEISE

Folien, Arbeitsblatt

TAFELBILD / FOLIEN

Welche Einkommensarten gibt es?

Arbeitseinkommen

Einkommen aus nicht selbstständiger Arbeit

- Lohn
- Gehalt

Vermögenseinkommen

Einkommen aus

- Miete
- Aktien
- Lebensversicherung

Transfereinkommen

Einkommen aus Steuermitteln und gesetzlicher Sozialversicherung

- Kindergeld
- Rente
- Arbeitslosengeld

Unternehmereinkommen

Einkommen aus selbstständiger Arbeit

- Ärzte
- Handwerksmeister mit eigenem Betrieb

⇨ Gewinne

⇨ **Im privaten Haushalt gibt es Einnahmen und Ausgaben. Wir versuchen, möglichst viel Ware für möglichst wenig Geld zu erhalten. Das nennt man das „ökonomische Prinzip".**

STUNDENBILD

I. Hinführung		
Stummer Impuls	Folie 1	SSS ordnen den abgebildeten Berufen die jeweilige Bezeichnung/Einkommensart zu. ➪ Begriffsklärung
Impuls		L: Bei diesen Einkommensarten gibt es nicht nur dem Namen nach Unterschiede.
Zielangabe	TA	**Welche Einkommensarten gibt es?**
II. Erarbeitung		
	AB	L: Bearbeite das Arbeitsblatt mit deinem Partner. SSS: arbeiten SSS: erarbeiten mit dem Partner weitere Begriffe
	TA	Sammeln der Ergebnisse
III. Sicherung		
		SSS übernehmen TA als Eintrag.
	Folie/AB	SSS ordnen weitere Berufe zu/ein.
IV. Vertiefung		
	Folie 2	SSS interpretieren die Grafik „In der Schuldenklemme“. Begriffsklärung „Verbraucherinsolvenzen“
LSG		L: Damit private Verbraucher nicht pleite gehen, sollte jede Familie mit ihrem Geld ... SSS: ... haushalten.
	Folie 3	
		L: Lies folgende Info durch und erkläre den Fachbegriff! ➪ Formulierung des Merksatzes SSS übernehmen Merksatz ins Heft/aufs Blatt.

AWT	Name	Klasse	Datum	Nr.

Welche Einkommensarten gibt es?

Jeder private Haushalt hat ein bestimmtes Familieneinkommen. Mit diesem Einkommen finanziert die Familie ihren Verbrauch, d. h., sie kauft sich Waren, wie zum Beispiel Lebensmittel und Kleidung oder sie kauft sich Dienstleistungen, indem sie zum Beispiel zum Frisör geht. Private Haushalte haben unterschiedliche Quellen, aus denen sie ihr Einkommen erhalten. Solche Einkommensquellen oder auch Einkommensarten können sein:

❶ Arbeitseinkommen:

Einnahmen aus nicht selbständiger Arbeit bezeichnet man als Arbeitseinkommen. Dazu gehören u. a. das Gehalt eines Lehrers, die Diäten eines Politikers oder der Lohn eines Mechanikers.

❷ Transfereinkommen:

Beim Transfereinkommen unterscheidet man Einnahmen aus Steuermitteln (dazu zählt man u. a. das Kindergeld, Erziehungsgeld und die Sozialhilfe) und die Einnahmen aus der gesetzlichen Sozialversicherung (zum Beispiel Rente oder Arbeitslosengeld).

❸ Unternehmereinkommen:

Einnahmen aus selbstständiger Arbeit bezeichnet man als Unternehmereinkommen. Ein Handwerksmeister mit eigenem Betrieb lebt vom Gewinn seines Unternehmens. Aber auch die Gage eines Sängers gehört dazu.

❹ Vermögenseinkommen:

Es gibt auch Einnahmequellen, ohne dass man dafür in irgendeiner Form arbeitet. Dazu zählen zum Beispiel Sparguthaben, Lebensversicherungen, Aktiengewinne und auch Mieteinnahmen. Man spricht dabei von Vermögenseinkommen.

Arbeitsaufträge für die Partnerarbeit:

❶ Unterstreiche im Text die vier Einkommensarten grün!

❷ Unterstreiche die jeweiligen Beispiele blau!

Für die Schnellen:

Überlege dir weitere Beispiele für die verschiedenen Einkommensarten!

Folie 1:

Ordne folgende Begriffe richtig zu: **Diäten - Lohn - Gehalt - Gage**

Folie 2:

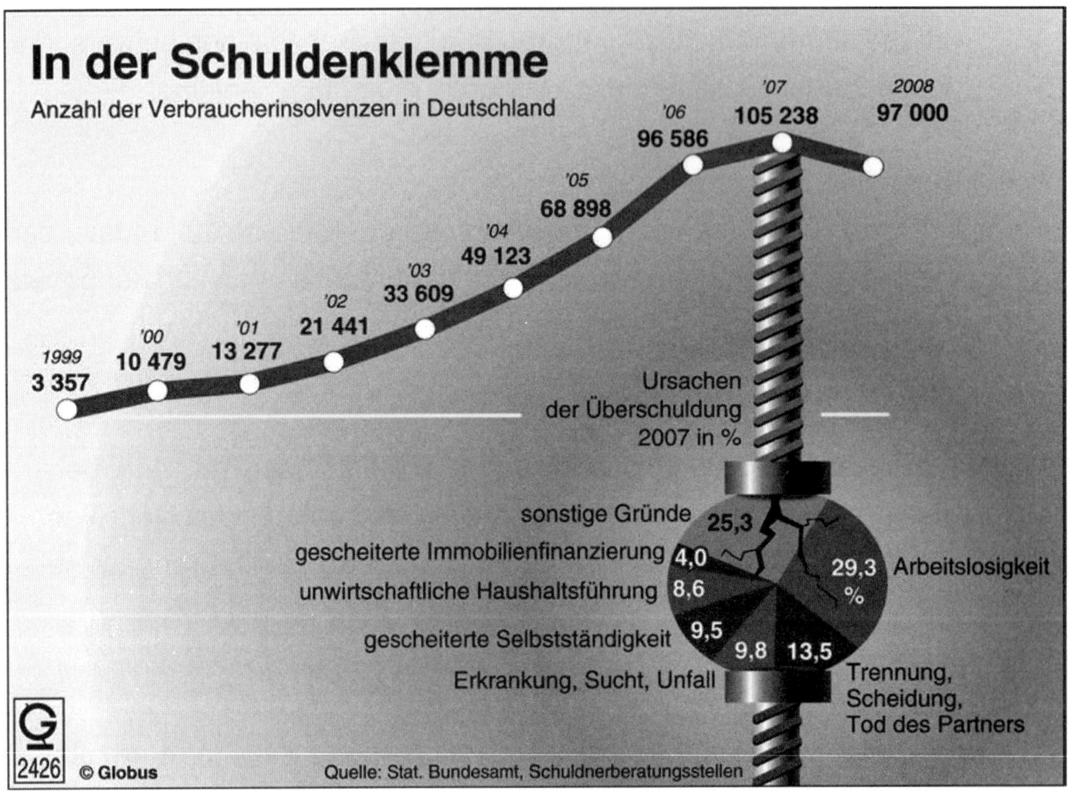

Folie 3:

INFO:

Ein privater Haushalt kann nur das ausgeben, was ihm als Einkommen zur Verfügung steht. Privathaushalte müssen ihr Geld also überlegt ausgeben und damit „haushalten". Sie handeln dann nach dem „ökonomischen Prinzip". Dabei wird versucht, dass Einnahmen und Ausgaben im Gleichgewicht bleiben. Überwiegen die Ausgaben, so entstehen Schulden.

THEMA

Wo bleibt das Haushaltsgeld?

LERNZIELE

- Zwischen Einnahmen und Ausgaben unterscheiden können
- Ein einfaches Haushaltsbuch führen können
- Bewusst werden, dass man monatliche Überschüsse nicht ausgibt, sondern am besten spart

ARBEITSMITTEL / MEDIEN / LITERATURHINWEISE

Folien, Arbeitsblatt

TAFELBILD / FOLIEN

Wo bleibt das Haushaltsgeld?

Einkommen/Einnahmen | **Ausgaben**

Monat Oktober

Facharbeiterlohn	1585 €	regelmäßige feste Ausgaben	844,95 €
Putztätigkeit	350 €	regelmäßige variable Ausgaben	893,-- €
Unterhaltskosten	190 €	unregelmäßige Ausgaben	550,-- €
Kindergeld	154 €		
Zinsguthaben	50 €		
Gesamteinkommen	2329 €	Gesamtausgaben	2287,95 €

➪ **Familie Mair hat im Monat Oktober gut mit ihrem Geld gehaushaltet und keine Schulden gemacht.**
Den Überschuss von 41,05 € legt sie in die Urlaubskasse.

STUNDENBILD

I. Hinführung		
Stummer Impuls	Folie 1	
		SSS: Die Familie diskutiert über die Ausgaben. Die Frau rechnet.
		L: Das ist Frau Mair. Sie überlegt, wo das Haushaltsgeld geblieben ist.
Zielangabe	TA	**Wo bleibt das Haushaltsgeld?**
II. Erarbeitung		
	AB	L: Bearbeite das Arbeitsblatt mit deinem Partner.
		SSS arbeiten
		SSS erarbeiten mit dem Partner die Tabelle.
	TA	Sammeln der Ergebnisse
III. Sicherung		
		SSS übernehmen TA als Eintrag
LSG		L: Hat Familie Mair nun gut gehaushaltet?
		SSS berechnen
		L: Was könnte Familie Mair mit dem Überschuss machen?
		➪ Merksatz
IV. Vertiefung		
		L: Du hast drei neue Begriffe bei den Ausgaben kennengelernt.
		• regelmäßige feste Ausgaben
		• regelmäßige variable Ausgaben
		• unregelmäßige Ausgaben
	Folie 2	SSS interpretieren
		SSS ordnen Begriffe zu

Ausgewählte Beispiele:

Miete, Strom, Wasser, Heizung, Müll	➪ regelmäßig feste Ausgaben
Nahrungsmittel und Getränke	➪ regelmäßig variable Ausgaben
Freizeit, Unterhaltung	➪ regelmäßig variable Ausgaben
Haushaltsgegenstände	➪ unregelmäßige Ausgaben
Versicherungen	➪ regelmäßig feste Ausgaben
Bekleidung, Schuhe	➪ unregelmäßige Ausgaben
Körperpflege	➪ regelmäßige variable Ausgaben

AWT	Name	Klasse	Datum	Nr.

Wo bleibt das Haushaltsgeld?

Familie Mair sitzt am Ende des Monats Oktober vor ihrer monatlichen Abrechnung. Alle sind gespannt darauf, ob sie mit ihrem Geld gut gehaushaltet haben.
Herr Mair berichtet:
Also, mein Facharbeiterlohn als Drucker beträgt 1585 €. Dazu kommt noch der Nebenverdienst meiner Frau als Raumpflegerin in einer Anwaltskanzlei mit 350 €. Unsere Tochter Karin macht eine Ausbildung zur Arzthelferin und steuert 190 € als Unterhaltskosten bei. Und dann wäre da noch das Kindergeld für unseren Sohn Steffen. Das sind auch 154 €. Außerdem gab es im Oktober Zinsguthaben in Höhe von 50 €.
Frau Mair berichtet:
Dann kommen wir mal zu den Ausgaben. Das wären wie jeden Monat 844,95 € an regelmäßigen festen Ausgaben, 893 € haben wir in diesem Monat an regelmäßigen variablen Ausgaben bestritten und als unregelmäßige Ausgaben schlagen dann diesen Monat noch 550 € zu Buche.

Arbeitsaufträge für die Partnerarbeit:
❶ Trage in die Tabelle alle Einnahmen und Ausgaben mit der jeweiligen Bezeichnung zusammen. Arbeite sehr übersichtlich!
❷ Frau Mair gebraucht drei „Fachausdrücke“. Unterstreiche sie rot!
Für die Schnellen:
Überlege dir Beispiele für die drei Fachausdrücke.

Einnahmen		Ausgaben	
Facharbeiterlohn	1585 €	Regelmäßige feste Ausgaben	844,95 €
+		+	
Gesamteinnahmen		Gesamtausgaben	

Folie 1: Frau Mair vor dem Haushaltsgeld

Folie 2:

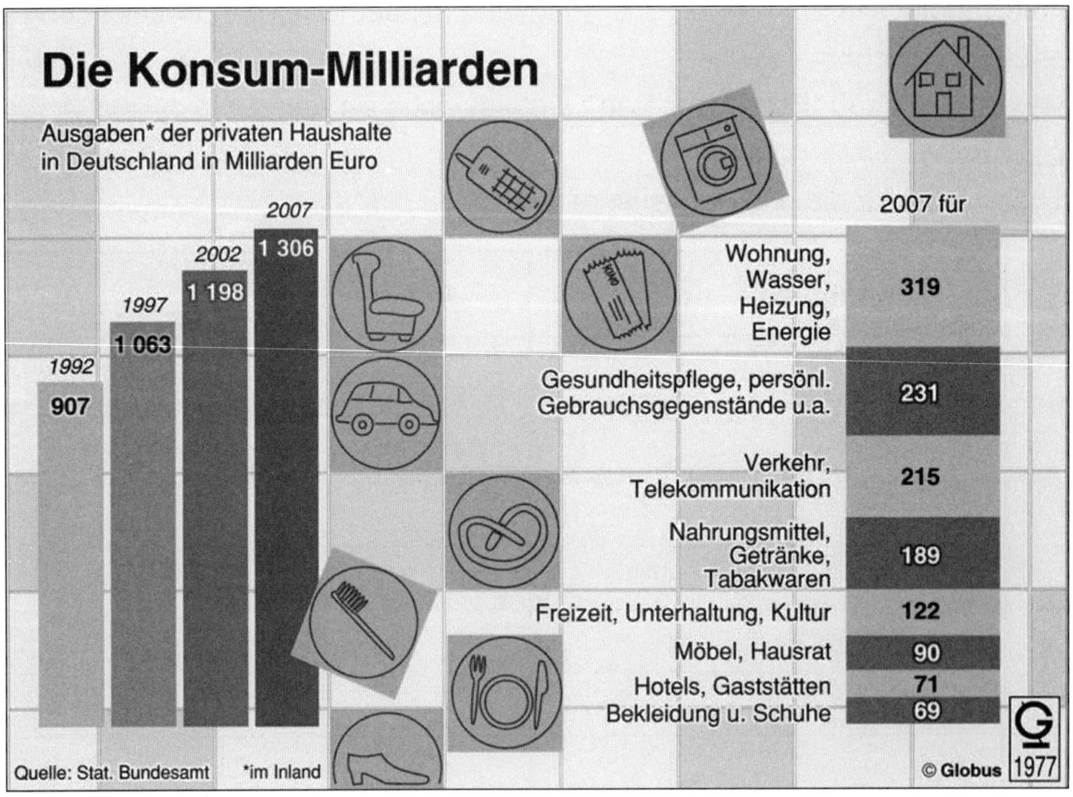

THEMA

Wir führen ein Haushaltsbuch

LERNZIELE

- Ausgaben den drei Bereichen regelmäßig feste, regelmäßig variable und unregelmäßige Ausgaben zuordnen können
- Einnahmen und Ausgaben richtig in ein Haushaltsbuch eintragen können
- Ein Haushaltsbuch für kurze Zeit führen können

ARBEITSMITTEL / MEDIEN / LITERATURHINWEISE

Folien, Arbeitsblatt

TAFELBILD / FOLIEN

Folie 1:

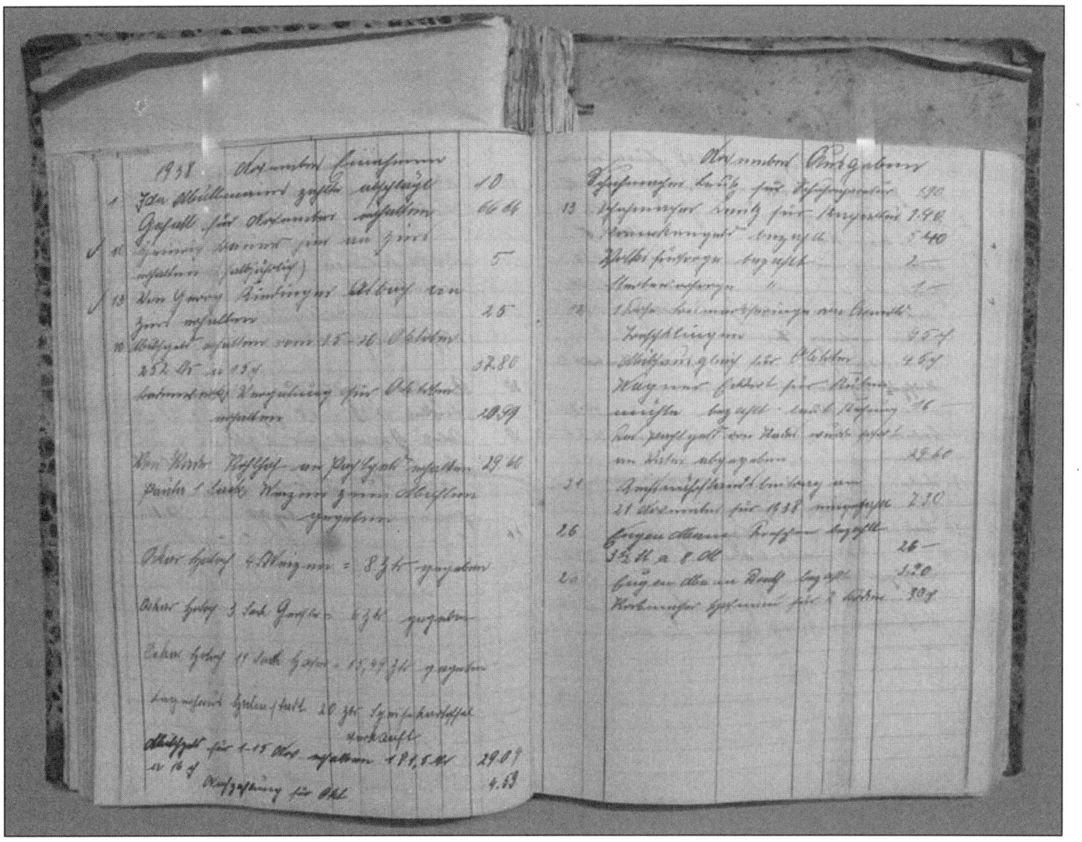

Folie 2:

Ordne zu:
- regelmäßig feste Ausgaben
- regelmäßig variable Ausgaben
- unregelmäßige Ausgaben

STUNDENBILD

I. Hinführung		
Stummer Impuls	Folie 1	Altes Haushaltsbuch 1933
Aussprache		
Stummer Impuls	Folie 2	Fünf Bilder SSS ordnen Bilder den Begriffen zu. L: Heute sollst du dein Wissen unter Beweis stellen und das Haushaltsbuch von Familie Wester führen.
	Zielangabe TA	**Wir führen ein Haushaltsbuch**
II. Erarbeitung		
	AB	L: Bearbeite das Arbeitsblatt mit deinem Partner! SSS: arbeiten
	TA	Sammeln der Ergebnisse
III. Sicherung		
	Folie 3 Lösung AB	SSS übernehmen TA als Eintrag
IV. Vertiefung		
LSG		L: Das war nur ein Auszug aus den Ausgaben der Familie Wester. Natürlich haben sie im Oktober mehr für Nahrungsmittel und Getränke ausgegeben. Dennoch konnte die Familie am Ende des Monats 243,60 € sparen. ➪ Warum sind Rücklagen nötig? Warum spart Familie Wester das überschüssige Geld? SSS: Es kann auch mal das Auto o. a. kaputt gehen. ➪ Sparen für Notfälle

AWT	Name	Klasse	Datum	Nr.

Wir führen das Haushaltsbuch der Familie Wester

Familie Wester hatte im Oktober u. a. folgende Einnahmen und Ausgaben:

❶ Trage diese mit Datum in das Haushaltsbuch richtig ein.

1. Oktober: 1900 € Lohn
2. Oktober: 630 € Miete werden an den Vermieter überwiesen.
4. Oktober: Für Nahrungsmittel werden 83,20 € ausgegeben.
4. Oktober: Sparguthaben über 130 € wird von der Bank überwiesen und für 25 € werden Getränke gekauft.
7. Oktober: Tanken für 54 €
10. Oktober: 500 € Lohn für Nebentätigkeiten
15. Oktober: Friseur für 35 €
19. Oktober: Tochter Antje erhält – wie jeden Monat – 10 € Taschengeld.
20. Oktober: Das Wassergeld in Höhe von 20 € muss überwiesen werden.
27. Oktober: Neuer Esstisch für 680 €

Haushaltsbuch der Familie Wester

Art der Einnahmen (mit Datum)	Betrag	Art der Ausgaben (mit Datum)	Betrag
____________________ ____________________ ____________________ ____________________ ____________________ ____________________ ____________________		Regelmäßige feste Ausgaben: ____________________ ____________________ ____________________ ____________________ ____________________ Regelmäßige variable Ausgaben: ____________________ ____________________ ____________________ ____________________ Unregelmäßige Ausgaben: ____________________ ____________________	

❷ Ermittle die Summe für die Gesamtausgaben und Gesamteinnahmen.

AWT	Name	Klasse	Datum	Nr.

Wir führen das Haushaltsbuch der Familie Wester

Familie Wester hatte im Oktober u. a. folgende Einnahmen und Ausgaben:

❶ Trage diese mit Datum in das Haushaltsbuch richtig ein.

- 1. Oktober: 1900 € Lohn
- 2. Oktober: 630 € Miete werden an den Vermieter überwiesen.
- 4. Oktober: Für Nahrungsmittel werden 83,20 € ausgegeben.
- 4. Oktober: Sparguthaben über 130 € wird von der Bank überwiesen und für 25 € werden Getränke gekauft.
- 7. Oktober: Tanken für 54 €
- 10. Oktober: 500 € Lohn für Nebentätigkeiten
- 15. Oktober: Friseur für 35 €
- 19. Oktober: Tochter Antje erhält – wie jeden Monat – 10 € Taschengeld.
- 20. Oktober: Das Wassergeld in Höhe von 20 € muss überwiesen werden.
- 27. Oktober: Neuer Esstisch für 680 €

Haushaltsbuch der Familie Wester

Art der Einnahmen (mit Datum)	Betrag	Art der Ausgaben (mit Datum)	Betrag
01.10. Lohn	**1900,-- €**	Regelmäßige feste Ausgaben:	
04.10. Sparguthaben	**130,-- €**	**02.10. Miete**	**630,-- €**
10.10. Nebenjobs	**500,-- €**	**19.10. Taschengeld**	**10,-- €**
		20.10. Wassergeld	**20,-- €**
		Regelmäßige variable Ausgaben:	
		04.10. Nahrungsmittel	**83,20 €**
		04.10. Getränke	**25,-- €**
		07.10. Tanken	**54,-- €**
		Unregelmäßige Ausgaben:	
		15.10. Friseur	**35,-- €**
		27.10. Esstisch	**680,-- €**
Gesamteinnahmen	**2530,-- €**	**Ausgaben**	**1537,20 €**

❷ Ermittle die Summe für die Gesamtausgaben und Gesamteinnahmen.

THEMA

Macht ein Haushaltsbuch Sinn?

LERNZIELE

- Wissen, was ein Haushaltsbuch ermöglicht und was es aufzeigt
- Wissen, wann ein Haushaltsbuch sinnvoll geführt ist
- Den Wert eines Haushaltsbuches als Hilfe gegen Schulden schätzen
- Ein eigenes kleines Haushaltsbuch für einen Monat führen und überdenken

ARBEITSMITTEL / MEDIEN / LITERATURHINWEISE

Folien, Arbeitsblatt, Haushaltsblatt

TAFELBILD / FOLIEN

Macht ein Haushaltsbuch Sinn?

Ein Haushaltsbuch ermöglicht:

- gezieltes Einkaufen
- langfristige Planungen
- Überblick über die Ausgaben
- Überblick über die Einnahmen

Ein Haushaltsbuch zeigt:

- Sparmöglichkeiten
- Notwendigkeiten der Ausgaben
- Fehlbeträge
- Mehrausgaben
- feste Ausgaben

⇨ **Ein Haushaltsbuch macht Sinn und hilft uns dabei, nicht in die Schuldenfalle zu geraten.**

Ein Haushaltsbuch ist aber nur dann gut geführt und macht Sinn, wenn
- es alle Ausgaben und Einnahmen enthält.
- die Eintragungen täglich erfolgen.
- die Einkaufsbelege aufbewahrt werden.
- wöchentlich abgerechnet wird.
- die Ausgaben überprüft werden.

STUNDENBILD

I. Hinführung		
Stummer Impuls	Folie 1	SSS: Eine Frau vor einem Buch ➪ Haushaltsbuch L: Das ist Frau Mair. Sie rechnet tatsächlich gerade ihre Ausgaben aus. Das sieht nach einer Menge Arbeit aus.
Zielangabe	TA	**Macht ein Haushaltsbuch Sinn?**
II. Erarbeitung		
	AB	L: Bearbeite das Arbeitsblatt mit deinem Partner ➪ zwei arbeitsteilige Gruppen SSS: arbeiten
	TA	Sammeln der Ergebnisse
III. Sicherung		
		SSS übernehmen TA als Eintrag L: Macht sich Frau Mair die ganze Arbeit nun umsonst?
	TA	Merksatz
IV. Vertiefung		
	Folie 2	L: Betrachte folgende Grafik! Wir wollen sie unter einem besonderen Gesichtspunkt anschauen: In welchen Bereichen sind Sparmöglichkeiten vorhanden und in welchen nicht?
LSG		L: Macht es eigentlich auch in eurem Alter Sinn, ein Haushaltsbuch zu führen? SSS äußern sich
Längerfristige Hausaufgabe		L: Versuche deinen persönlichen Einnahmen- und Ausgabenplan für einen Monat zu führen! Am Ende stelle dir folgende Fragen: ❶ Wo siehst du Sparmöglichkeiten für dich? ❷ Worauf könntest du verzichten?

AWT	Name	Klasse	Datum	Nr.

Macht das Haushaltsbuch Sinn?

Frau Mair berichtet:
Sicherlich kostet das Führen eines Haushaltsbuches ein wenig Zeit. Aber wenn man sich einmal daran gewöhnt hat, dann geht es eigentlich ganz schnell und schreibt sich fast von alleine. Außerdem hat es auch eine Menge Vorteile.

Was ermöglicht ein Haushaltsbuch?
Mein Haushaltsbuch ermöglicht es mir, dass ich gezielt einkaufe, da ich immer weiß, was meine Familie im Moment dringend braucht. Ich habe einen absoluten Überblick über unsere Ausgaben und Einnahmen. So weiß ich immer genau, wie viel Geld wir im Monat verbrauchen und was wir sparen können. Wenn wir uns also z. B. einen neuen Fernseher kaufen wollen, dann können wir das langfristig planen, weil ich sagen kann, wann wir das dafür nötige Geld eingespart haben.

Was zeigt ein Haushaltsbuch?
Das Haushaltsbuch zeigt mir auch, wo es Sparmöglichkeiten gibt und ob die Ausgaben auch immer notwendig sind. Ich kann dadurch auch Mehrausgaben vermeiden, weil ich eben ganz gezielt einkaufen gehe. Außerdem habe ich einen Überblick über die festen Ausgaben, die jeden Monat auf uns zukommen und erlebe keine bösen Überraschungen. Ferner passiert es mir nicht, dass ich am Ende eines Monats nicht weiß, wo denn das ganze Geld hingekommen ist, weil Geldbeträge fehlen.

Wie führt man ein Haushaltsbuch übersichtlich?
Natürlich muss man beim Führen eines Haushaltsbuches einiges beachten. Also ich mache es so: Ich notiere alle Einnahmen und Ausgaben. Die Eintragungen erledige ich täglich. Dazu muss ich natürlich die Einkaufsbelege der Kasse immer aufbewahren. Außerdem rechne ich wöchentlich ab, um zu sehen, wie viel Geld schon ausgegeben und wie viel noch übrig ist. Dazu muss ich die Ausgaben gründlich überprüfen.

Arbeitsaufträge:

Gruppe 1: Unterstreiche im Text die Antworten!
❶ Was ermöglicht Frau Mair das Haushaltsbuch?
❷ Was muss man beachten, um ein Haushaltsbuch übersichtlich zu führen?

Gruppe 2: Unterstreiche im Text die Antworten!
❶ Was zeigt das Haushaltsbuch Frau Mair?
❷ Was muss man beachten, um ein Haushaltsbuch übersichtlich zu führen?

Folie 1: Frau Mair beim Führen eines Haushaltsbuches

Folie 2:

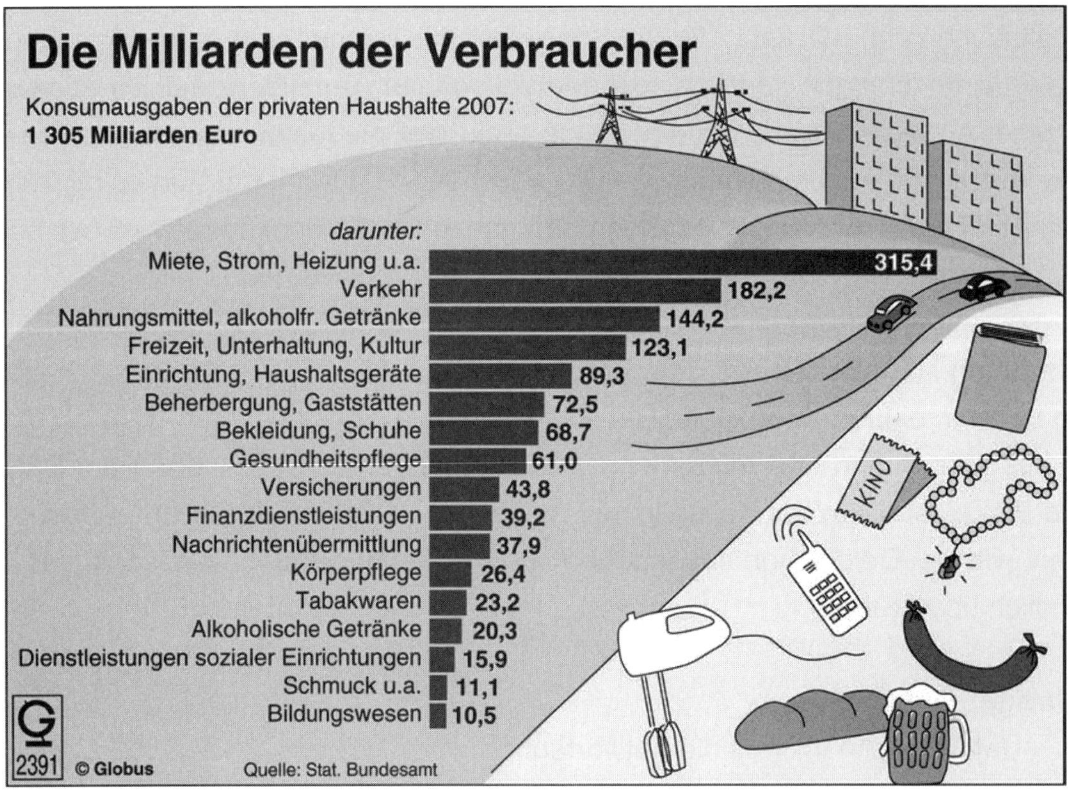

THEMA **Wie gehe ich verantwortungsvoll mit dem Haushaltseinkommen um?**

LERNZIELE

- Die Kriterien für einen verantwortlichen Umgang mit dem Haushaltseinkommen kennen
- Die Kriterien anwenden können
- Bewusstsein für einen verantwortungsvollen Umgang mit dem Haushaltseinkommen entwickeln

ARBEITSMITTEL / MEDIEN / LITERATURHINWEISE

Folien, Arbeitsblatt

TAFELBILD / FOLIEN

Wie geht man verantwortungsvoll mit dem Haushaltseinkommen um?

Unsere wichtigsten Tipps:
❶ Beachte Sonderangebote und vergleiche die Preise!
❷ Überlege vor dem Kauf!
❸ Schreibe einen Einkaufszettel!

Achte außerdem darauf, dass
- du keine Ratenkäufe machst ➪ Schulden
- du so wenig wie möglich mit Scheck- oder Kreditkarte bezahlst ➪ Übersicht über das Konto fehlt

Für Familie Wester bedeutet das:
➪ Statt Papierservietten und Papiertischdecken lieber Stoffservietten und Stofftischdecken verwenden. Das spart Geld und schont die Umwelt.
➪ Statt Tiefkühlpizza lieber Pizza selber machen. Das schmeckt besser und spart Geld.
➪ Keine Torte kaufen, sondern selber einen Kuchen backen. Das spart Geld und schmeckt besser.

STUNDENBILD

I. Hinführung

Stummer Impuls	Folie 1	SSS äußern sich L: Das sind Wünsche und alltägliche Produkte, welche die Familie Wester gerne hätte, aber das Haushaltsgeld ist knapp. SSS: Produkte des täglichen Gebrauchs sind sinnvollere Ausgaben. L: Du meinst also, dass die Familie sich die Anschaffung eines neuen TVs sparen kann. SSS: ... wenn das alte Gerät noch geht. L: Aber auch beim Kauf von täglichen Produkten kann man Geld sparen.
Zielangabe	TA	**Wie geht man verantwortungsvoll mit dem Haushaltsgeld um?**

II. Erarbeitung

		L: Fallen dir bereits Punkte ein, wie man verantwortungsvoll mit Geld umgeht? Denke auch an die 5. und 6. Klasse! SSS vermuten, äußern sich
	AB	L: Auf deinem AB findest du neben dem Auszug von Tipps für einen verantwortungsvollen Umgang auch den Einkaufszettel von Familie Wester. Entscheidet mit Hilfe der Tipps, auf welche Produkte die Familie verzichten könnte! SSS arbeiten
	TA	Sammeln der Ergebnisse

III. Sicherung

	TA	SSS übernehmen TA als Eintrag SSS nennen die Tipps, die ihnen am wichtigsten sind.

IV. Vertiefung

		L: Wieso keine Ratenkäufe? ➪ Schulden L: Wieso lieber bar bezahlen? ➪ besserer Überblick über Konto
	Folie 2	L: Weitere Tipps für verantwortungsvollen Umgang mit Geld SSS: Mit einer Saugglocke kann man verstopfte Ausflüsse billiger und für die Umwelt schonender frei bekommen. L: Fallen dir noch mehr Tipps ein? SSS äußern sich

AWT	Name	Klasse	Datum	Nr.

Wie geht man verantwortungsvoll mit dem Haushaltsgeld um?
Wir helfen Familie Wester beim Sparen

Tipps der Verbraucherberatung für einen verantwortungsvollen Umgang mit dem Haushaltseinkommen:

❶ Bewusst einkaufen:
- Preise vergleichen
- Sonderangebote nutzen
- Einkäufe planen und abwägen

➪ dringend/nicht so dringend
- Einkaufszettel schreiben

❷ Überlegt handeln:
- Vorsicht bei Ratenkäufen!
- Lieber bar bezahlen!

❸ Beratung nutzen:
- Verbraucherzeitschriften lesen
- „Stiftung Warentest“ lesen

➪ auch im Internet verfügbar

www.verbraucherservice-bayern.de
und
www.stiftung-warentest.de

Einkaufszettel für das Wochenende:

Milch, Butter, Joghurt
Servietten
Papiertischdecken
Sekt, Eistee, Orangensaft
Salat, Tomaten, Gurke
Bananen, Äpfel
Tiefkühlpizza
Torte
Fleisch

Arbeitsauftrag für die Partnerarbeit:
Arbeite auf einem Blockblatt!

Für alle:
Auf welche Produkte könnte Familie Wester verzichten?
Begründe deine Meinung und finde Verbesserungsmöglichkeiten! Du kannst auch die Tipps zu Hilfe nehmen!

Für die Schnellen:
① Warum sollte man bei Ratenkäufen vorsichtig sein?
② Wieso sollte man lieber bar bezahlen?

Folie 1:

Folie 2:

THEMA

Warum hat Tina so viel eingekauft?

LERNZIELE

- Wissen, dass jeder Supermarkt mit Verkaufstricks arbeitet
- Verkaufstricks kennen und Tipps dagegen aufstellen können
- Bewusstsein entwickeln, nicht mehr in die Einkaufsfallen zu tappen

ARBEITSMITTEL / MEDIEN / LITERATURHINWEISE

Folien, Arbeitsblätter, Rollenspiel

TAFELBILD / FOLIEN

Warum hat Tina so viel eingekauft?

Kassenzone
➪ bunte Waren verlocken vor allem beim Warten zum Kauf

Sonderangebote/Werbung/Plakate/Musik
➪ verleitet zur Schnäppchenjagd

Platzierung der Ware
➪ enge Gänge, wobei die Grundnahrungsmittel weit auseinander stehen

Anordnung im Regal
➪ Sichtzone / Greifzone / Bückzone / Reckzone verleiten zum Kauf teurer Markenware

➪ Tina hat so viel eingekauft, weil sie auf die Verkaufstricks des Supermarkts hereingefallen ist.

Unsere Tipps:
- Nicht zu viel Geld mitnehmen!
- Produkte und Preise vergleichen!
- Einkaufszettel schreiben!
- Nicht hungrig zum Einkaufen gehen!

usw.

STUNDENBILD

I. Hinführung

Stummer Impuls	Folie 1	Rollenspiel oder Lesetext SSS äußern sich L: Tinas Mutter stellt sich sicher eine Frage.
Zielangabe	TA	**Warum hat Tina so viel eingekauft?**

II. Erarbeitung

		L: Was denkst du? Warum hat Tina so viel eingekauft? SSS vermuten
	AB	L: Hier ist der Grundriss des Supermarkts. Zeichne Tinas Weg ein! SSS arbeiten
	TA	Sammeln der Ergebnisse L: Dass Tina mehr gekauft hat, ist kein Zufall. Eine Supermarktleiterin erzählt uns darüber Genaueres. Du sollst nun in deiner Gruppe die Einkaufszonen und -tricks genauer erforschen. SSS arbeiten in GA
	TA	Sammeln der Ergebnisse

III. Sicherung

		SSS fassen nochmals zusammen SSS übernehmen TA als Eintrag

IV. Vertiefung

LSG		L: Ging es dir auch schon einmal so wie Tina? SSS erzählen L: Erstelle Einkaufsregeln, die dir in Zukunft
	Folie 2	helfen! SSS erstellen Regeln in Partnerarbeit
	TA	Sammeln der Ergebnisse SSS übernehmen TA
	Folie 3	SSS erklären Darstellung

AWT	Name	Klasse	Datum	Nr.

Warum hat Tina so viel eingekauft?

Arbeitsauftrag:
Tina berichtet dir nun von ihrem Weg durch den Supermarkt.
① Zeichne ihren Weg nach!
② Markiere die Stellen, an denen sie etwas gekauft hat!

Wie war das noch? Ach ja, Mutter meinte, ich sollte nach der Schule noch Nudeln und Fleisch besorgen. Da gehe ich einfach in den Supermarkt, der liegt auf dem Weg nach Hause. Die Nudeln gibt es da vorne an der Seite ... Mmh, Bananen. Da nehm ich mir gleich welche mit. Mich hungert sowieso schon. Und das Brot – es duftet. Naja, Brot kann nie schaden. Nicht übel, Chips im Sonderangebot. Da kann ich noch sparen. Jetzt zum Fleisch und dann an die Kasse. Oh, eine Warteschlange. Egal. Hier gibt's ja noch so viel neue Ware. Lecker, Schokolade. Die brauche ich heute Nachmittag für die Hausaufgaben.

Grundriss Supermarkt

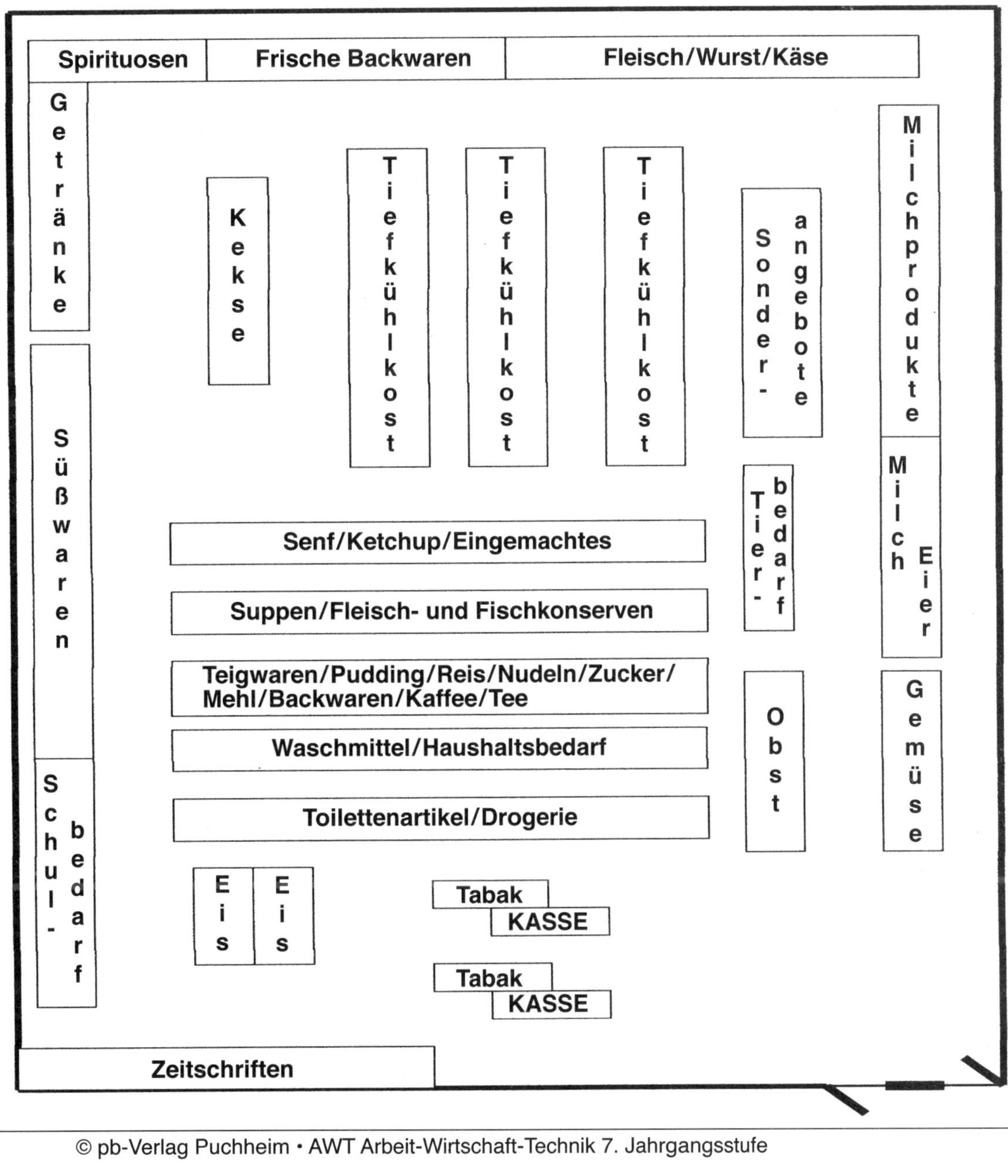

Folie 1: Rollenspiel

Mutter: Na, hast du die Nudeln und das Fleisch eingekauft, so wie ich es dir aufgeschrieben habe?

Tina: Ja, klar. Und dann habe ich noch leckere Bananen und ein Brot eingekauft.

Mutter: Die habe ich dir doch gar nicht angeschafft. Und die ganzen anderen Sachen?

Tina: Mensch, die Chips waren im Sonderangebot. Ich habe also auch noch was gespart.

Mutter: Und die Schokolade?

Tina: Ich hab an der Kasse so lange warten müssen. Da habe ich Lust auf Schokolade gehabt.

Folie 2: Was läuft hier schief? Stelle Tipps auf, wie es besser geht.

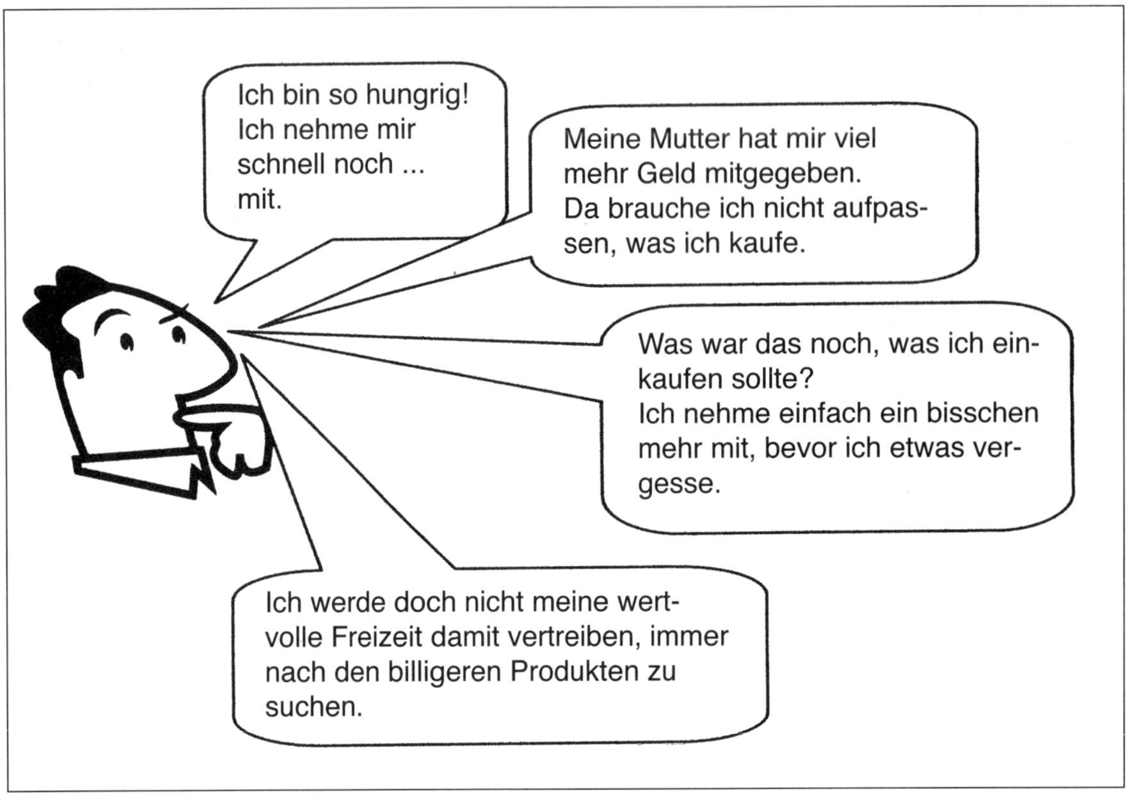

Folie 3:

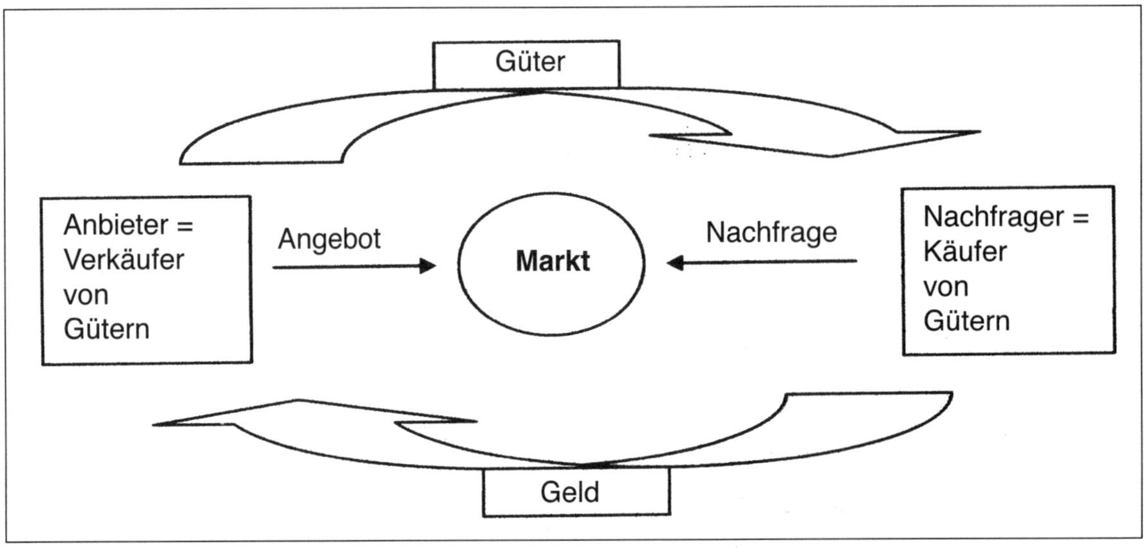

Gruppe 1: Warenplatzierung

➪ Eigentlich wollte Tina nur Fleisch und Nudeln einkaufen. Trotzdem hat sie auf dem Weg dorthin noch mehr Sachen mitgenommen.

Die Supermarktleiterin Frau Fuchs erklärt:
„Der Supermarkt ist so eingerichtet, dass jeder Kunde vom Eingang bis zur Kasse durch Gänge gehen muss, die oft sogar bewusst eng gehalten sind. Lebensmittel, die man täglich braucht, wie Brot, Wurst und Fleisch befinden sich hinten im Supermarkt. Wir richten das so ein, damit die Kunden den Supermarkt nicht gleich wieder verlassen und an vielen Regalen vorbeikommen. So kaufen sie auch Waren, die sie eigentlich aktuell nicht brauchen."

Arbeitsaufträge:
① Welche Absichten haben die Supermärkte?
② Wie versuchen sie dies zu erreichen?

Gruppe 2: Anordnung der Ware

➪ Tina kauft noch Chips. Auf dem Plakat steht ein Sonderangebot. Doch Tina greift einfach nach den erstbesten Chips.

Die Supermarktleiterin Frau Fuchs erklärt:
„Sicher denkt ihr, es ist ein Zufall, wie die Regale eingeräumt sind. Falsch gedacht! Wir ordnen die Produkte ganz überlegt in verschiedenen Zonen an. In der Bückzone und in der Reckzone befinden sich die billigeren Artikel. Bekannte und teurere Produkte befinden sich in der Greif - und Sichtzone. Der Käufer kann sie bequem erreichen."

Arbeitsauftrag:
① Nenne die Zonen, in denen die Ware eingeordnet ist.
② Worin bestehen hier die Einkaufsfallen?

Gruppe 3: Sonderangebote

Die Supermarktleiterin Frau Fuchs erklärt:
„Besonders oft fragen Kunden nach Sonderangeboten, da sie sparen möchten. Natürlich sind diese Angebote tatsächlich günstiger. Aber wir haben dennoch einen Vorteil. Richtig! Die Menschen kommen extra wegen ihnen und wir wissen ganz genau, dass sie nicht nur diese Sonderangebote kaufen, sondern immer auch noch einige andere Produkte Die Sonderangebote locken sie in den Supermarkt!“

Arbeitsaufträge:

① Obwohl die Sonderangebote wirklich günstig sind, verdient der Supermarkt. Erkläre!

② Am nächsten Tag möchte Tina wirklich die Chips aus dem Sonderangebot kaufen. Sie muss lange danach suchen. Wieso?

Gruppe 4: Kassenzone

➪ An der Kasse muss Tina warten. Dabei entdeckt sie Schokolade und nimmt sie mit.

Die Supermarktleiterin Frau Fuchs erklärt:
„Wir nutzen in der Kassenzone jeden Zentimeter an Raum. Alle Waren werden sichtbar platziert. Sie sind griffbereit und locken zum Kauf. Gerade Kinder und Jugendliche können hier kaum widerstehen.“

Preis an der Kasse ➪ Einzelstück		Preis im Regal ➪ Stück in der Packung
Duplo	22 Cent	16 Cent
Hanuta	17 Cent	14 Cent
Kaugummi	65 Cent	35 Cent

Arbeitsauftrag:

① Warum wird die Kassenzone zur Einkaufsfalle?

② Zur Kassenzone sagt man oft „Quengelzone“. Kannst du diesen Begriff erklären?

THEMA

Die Supermarkterkundung

LERNZIELE

- Wissen, welche Bereiche im Supermarkt erkundet werden können
- Fragen zur Supermarkterkundung entwickeln können
- Eine Supermarkterkundung nach zielgerichteten Kriterien durchführen und auswerten können

ARBEITSMITTEL / MEDIEN / LITERATURHINWEISE

Prospekte, evtl. vorbereitete Frage

TAFELBILD / FOLIEN

Die Supermarkterkundung kann in arbeitsgleicher oder arbeitsteiliger Gruppenarbeit durchgeführt werden. Zudem ist denkbar, dass die Schüler verschiedene Supermärkte erkunden und die Ergebnisse dann miteinander vergleichen.
Im Folgenden wird eine Erkundung beschrieben, die vom Lehrer vorbereitet – vorgegebener Termin, Absprache durch den Lehrer – und in arbeitsteiliger Gruppenarbeit durchgeführt wird. Die Fragen entwickeln die Schüler in ihrer Gruppe zu einem ausgewählten Erkundungsfeld selbst.
Eine Auswahl an Fragen ist vorbereitet. Als vorbereitende Hausaufgabe sollten die Schüler bereits einen Grundriss des Supermarktes anfertigen und zur Erkundung mitbringen.

STUNDENBILD

I. Hinführung

Stummer Impuls	Prospekte	Supermärkte SSS äußern sich L: Wir haben in der vergangenen Stunde so viel Einblicke in Einkaufsstrategien von Supermärkten erhalten, dass wir einen Supermarkt nun genauer unter die Lupe nehmen wollen.

II. Erarbeitung

	AB	L: Bearbeite das Arbeitsblatt mit deinem Partner ➪ sechs arbeitsteilige Gruppen SSS erarbeiten Fragen

III. Sicherung

		SSS stellen ihre Fragen der Klasse vor ➪ Überprüfung, ob sinnvoll und/oder richtig formuliert

IV. Durchführung

		SSS erkunden Supermarkt nach ihrem Schwerpunkt

V. Auswertung

		SSS präsentieren ihre Ergebnisse durch Folien, Bilder, Plakate

AWT	Name	Klasse	Datum	Nr.

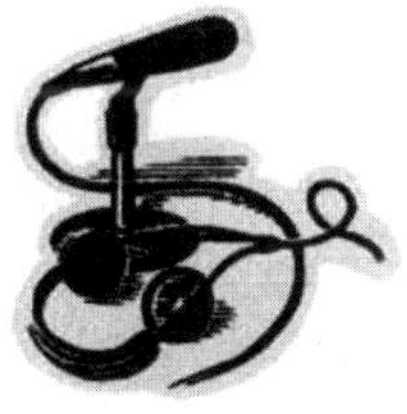

Die Supermarkterkundung

Mögliche Fragen zu den einzelnen Erkundungs-schwerpunkten

❶ Warensortiment:

- Woher kommen die Waren?

➪ Suche verschiedene Beispiele und ihren Herkunftsort!

- Gibt es Bio-Produkte? Woher kommen sie?
- Wer befüllt die Regale?
- Wer bestimmt darüber, welche Produkte verkauft werden?
- Wie wird kontrolliert, wann nachbestellt werden muss?

❷ Werbung:

- Welche Werbemaßnahmen gibt es? (Plakate, Durchsagen, Prospekte, Zeitungsannoncen)
- Notiere eine Werbung, die dich anspricht!
- Wie erfolgt die Warenanordnung im Supermarkt?
- Gibt es „Stopper“ oder „Wühltische“?
- Gibt es Probierstände?
- Fördert Werbung den Umsatz?

❸ Personaleinsatz:

- Wie viele vollbeschäftigte Angestellte arbeiten hier?
- Welche Aufgaben müssen sie erledigen?
- Wie viele Zusatzkräfte gibt es? Was müssen diese machen?
- Wie ist die Arbeitszeit geregelt?
- Gibt es bestimmte Zuständigkeitsbereiche oder werden die Aufgaben unter den Mitarbeitern ausgetauscht?

❹ Kundenbefragung:

- Warum kaufen Sie gerade hier ein?
- Wie oft gehen Sie hier einkaufen?
- Nutzen Sie Sonderangebote?
- Schreiben Sie sich einen Einkaufszettel?
- Kaufen Sie oft mehr ein als geplant? Warum?
- Vermissen Sie Personal, das Ihnen hier hilft oder vermissen Sie Produkte?

AWT	Name	Klasse	Datum	Nr.

Die Supermarkterkundung

❺ Technikeinsatz:
- Welche technischen Geräte werden eingesetzt?
- Stelle an zwei Beispielen technischer Geräte den Vorteil und den Nachteil gegenüber!
- Welche technischen Geräte empfindet das Personal als sinnvoll und hilfreich, welches eher als unnötig und lästig?

❻ Ausbildung/Fragen an den Marktleiter:

- Welche Ausbildungsberufe gibt es hier?
- Wie ist die Ausbildung gegliedert?
- Welcher Schulabschluss wird vorausgesetzt?
- Auf welche Unterrichtsfächer legen Sie besonders großen Wert?
- Wie hoch ist die Ausbildungsvergütung?
- Welche Schlüsselqualifikationen braucht man für diesen Beruf?

Auswertung der Erkundung:
1. Plakate über die Erkundungstätigkeit und inhaltliche Schwerpunkte erstellen
   ➪ Plakate können von den Schülern als Hefteinträge übernommen werden.
2. Übersichtliche Dokumentation mit Stichpunkten und Fotos
3. Dankesschreiben an den Supermarkt entwerfen
4. Artikel für die Zeitung oder Schülerzeitung verfassen

THEMA

Überprüfe dein Wissen: Wiederholen, Üben, Anwenden, Vertiefen

LERNZIELE

• Die Schüler wiederholen, üben und vertiefen ihr Wissen aus den vorangegangenen Stunden

ARBEITSMITTEL / MEDIEN / LITERATURHINWEISE

Stationenkarten, Folienstifte

TAFELBILD / FOLIEN

1. Station: Supermarkterkundung

2. Station: Einkaufsfallen

3. Station: Der Markt

4. Station: Suchrätsel

5. Station: Haushaltsbuch

6. Station: Ausgaben

7. Station: Haushaltseinkommen

8. Station: Geld und Umwelt

9. Station: Einkommensarten

10. Station: Ökonomisches Prinzip

11. Station: Schulden

12. Station: Sparen

13. Station: Wirtschaftliches Handeln

14. Station: Einkauf

Hinweis:
Für den Stationenlauf sollten die Karten laminiert werden, damit die Schüler teilweise auch darauf arbeiten können. Es gibt 14 Stationen. Am besten arbeiten die Schüler in Partnerarbeit an den Stationen. An manchen Stationen gibt es Punkte. Das Team mit den meisten Punkten ist Sieger. Es kann das Heft zur Kontrolle verwendet werden.

STUNDENBILD

I. Hinführung

L: Du hast dich nun intensiv mit dem Thema Arbeit und Haushalt auseinandergesetzt. Heute kannst du dein Wissen noch einmal überprüfen.

II. Erarbeitung

AB

Vorgehensweise beim Stationenlauf erklären
SSS: arbeiten an den Stationen

III. Sicherung

L: Ich möchte nun wissen, wie es dir bei der Bearbeitung der Stationen ergangen ist.
SSS: nennen

Lösung zur 4. Station:

B	M	I	M	O	K	L	A	O	U	P	R
H	I	E	G	E	L	D	F	H	U	N	G
A	M	O	Z	T	G	U	L	O	U	P	K
O	P	B	N	I	E	B	E	I	R	U	W
A	P	F	E	L	N	C	B	P	L	D	E
B	H	U	A	M	J	Z	E	Z	A	U	G
G	E	R	U	M	U	I	N	Z	U	T	R
A	E	S	F	G	I	L	S	M	B	B	V
P	O	U	G	H	A	L	S	E	W	R	T
T	G	F	A	H	M	K	I	N	D	E	R
B	E	R	B	A	W	E	N	E	T	Z	T
P	O	L	E	T	F	R	N	A	E	T	Z

1. Station: Supermarkterkundung

Arbeitsauftrag:
Das Personal im Supermarkt hat viele Aufgaben.
Nenne fünf davon!

Pro Aufgabe 1 Punkt für euer Team!

2. Station: Einkaufsfallen

Arbeitsauftrag:
Der Supermarkt arbeitet mit Tricks.
Nenne jeweils einen Trick und wie du dich davor schützen kannst!

Pro Nennung 1 Punkt!

3. Station: Der Markt

Arbeitsauftrag:
Auf einem Markt treffen sich Anbieter und Nachfrager.
Nenne jeweils Anbieter und Nachfrager für folgende Märkte:
Börse - Kunstauktion - Autohaus

Pro Aufgabe 1 Punkt!

5. Station: Haushaltsbuch

Arbeitsauftrag:
Ein Haushaltsbuch macht Sinn. Aber nur, wenn du es richtig führst.
Wie wird ein Haushaltsbuch richtig geführt?

Pro Antwort 1 Punkt!

6. Station:
Ausgaben

Arbeitsauftrag:
Nenne jeweils zwei Beispiele für:
Regelmäßig feste Ausgaben - regelmäßig variable Ausgaben - unregelmäßige Ausgaben

Pro Beispiel 1 Punkt!

7. Station:
Haushaltseinkommen

Arbeitsauftrag:
Nenne vier Tipps, wie man verantwortungsvoll mit dem Haushaltseinkommen umgeht!

Pro Tipp 1 Punkt!

8. Station:
Geld und Umwelt

Arbeitsauftrag:
Du kannst beim Kaufen nicht nur Geld sparen, sondern auch die Umwelt schonen. Nenne drei Beispiele!

Pro Beispiel 1 Punkt!

9. Station:
Einkommensarten

Arbeitsauftrag:
Nenne die vier Einkommensarten mit je einem Beispiel!

Pro Einkommensart mit Beispiel 1 Punkt!

10. Station: Ökonomisches Prinzip

Arbeitsauftrag:
Erkläre den Begriff „ökonomisches Prinzip“!

Für eine fundierte Erklärung gibt es 3 Punkte.

11. Station: Schulden

Arbeitsauftrag:
Menschen verschulden sich oft.
Wie kannst du eine Verschuldung vermeiden?

Pro Argument 1 Punkt!

12. Station: Sparen

Arbeitsauftrag:
Wofür lohnt es sich deiner Meinung nach zu sparen?

Vergleicht eure Meinungen!
Was stellt ihr fest?

13. Station: Wirtschaftliches Handeln

Welche Aussage ist richtig? Du handelst wirtschaftlich, wenn
a) die Ausgaben größer als der Ertrag sind.
b) Ausgaben und Ertrag sich die Waage halten.
c) die Unterhaltskosten höher als der Anschaffungspreis sind.

Für die richtige Antwort gibt es 2 Punkte.

14. Station: Einkauf

Arbeitsauftrag:
Markenprodukte oder „No-name-Produkte"?
Nenne ein Beispiel, wo Markenbewusstsein keinen Sinn macht und ein Beispiel, wo es Sinn macht!

Pro Beispiel 1 Punkt!

4. Station: Suchrätsel

Arbeitsauftrag:
Du findest im Buchstabengitter sechs Lohnformen.
Du solltest auch die Diagonalen berücksichtigen!

Pro Begriff 1 Punkt!

B	M	I	M	O	K	L	A	O	U	P	R
H	I	E	G	E	L	D	F	H	U	N	G
A	M	O	Z	T	G	U	L	O	U	P	K
O	P	B	N	I	E	B	E	I	R	U	W
A	P	F	E	L	N	C	B	P	L	D	E
B	H	U	A	M	J	Z	E	Z	A	U	G
G	E	R	U	M	U	I	N	Z	U	T	R
A	E	S	F	G	I	L	S	M	B	B	V
P	O	U	G	H	A	L	S	E	W	R	T
T	G	F	A	H	M	K	I	N	D	E	R
B	E	R	B	A	W	E	N	E	T	Z	T
P	O	L	E	T	F	R	N	A	E	T	Z

THEMA

Projektarbeit – was ist das?

LERNZIELE

- Die Schritte einer Projektarbeit kennen
- Projektideen sammeln und auswerten
- Die eigene Arbeitshaltung während des Projekts reflektieren

ARBEITSMITTEL / MEDIEN / LITERATURHINWEISE

Folien, Arbeitsblatt

TAFELBILD / FOLIEN

Projektarbeit – was ist das?

Ideen finden

Sammeln von Ideen:
- Werkstück
- Theaterstück aufführen ➪ Auswahl einer Idee
- Zeitung gestalten

Planen

Planen der weiteren Vorgehensweise:
- Interviews führen ➪ Bedarf klären
- Bücher auswerten
- Internet-Recherche ➪ Planen der weiteren Vorgehensweise

Durchführen

Durchführung:
- Arbeit in den jeweiligen Fächern in Gruppen
- Zwischenbesprechungen
- Weitere Vorgehensweise festlegen

Präsentieren

Präsentieren:
- Ergebnisse präsentieren (Folien, Plakate o. Ä.)
- Produkt ansprechend präsentieren
- Verkauf/Durchführung

Auswerten

Auswerten:
- Erfahrungsaustausch
- Verbesserungsansätze entwickeln
- Selbstbewertung der eigenen Arbeit

Verlaufsplan

Die dargelegten Arbeitsblätter beziehen sich nicht auf einzelne Unterrichtseinheiten, sondern auf die Projektarbeit als Ganzes.

❶ Zu Beginn ist es ratsam, die Schüler erst einmal mit der Projektidee zu konfrontieren.

❷ Zweitens sollten die Schüler mit Hilfe des Lehrers eine konkrete Projektidee in allen Schritten ausformulieren.

❸ Als nächstes steht dann die Durchführung des Projektes samt Präsentation und Verkauf an.

❹ Es folgt die Auswertung des Projektes. Es empfiehlt sich eine Gegenüberstellung von positiven (+) und negativen (–) Aspekten an der Tafel festzuhalten und Verbesserungsvorschläge zu besprechen.

❺ Am Ende sollten die Schüler in Form eines Quiz (auch als Stationenlauf möglich) und einer Selbstbewertung das Projekt abschließen.
Die Teammitglieder könnten sich auch gegenseitig bewerten. Die Vorlage des Selbstbewertungsbogens könnte auch vom Lehrer dazu eingesetzt werden, um den Schüler in der Projektarbeit zu bewerten.

AWT	Name	Klasse	Datum	Nr.

Projektarbeit – was ist das?

Planen

Auswerten

Präsentieren

Durchführen

Ideen finden

Arbeitsaufträge für die Partnerarbeit:

① Auf den Bildern findest du die Projektschritte, die etwas durcheinander geraten sind. Schneide sie aus und bringe sie in die richtige Reihenfolge.

② In den Kästchen unten findest du die Beschreibung der Projektschritte. Schneide sie aus und ordne sie den Bildern zu.

+ Werkstück
+ Theaterstück aufführen
+ Zeitung gestalten
➪ Auswahl einer Idee

+ Bücher auswerten
+ Internet-Recherche
➪ Planen der weiteren Vorgehensweise

+ Erfahrungsaustausch
+ Verbesserungsansätze entwickeln
+ Selbstbewertung der eigenen Arbeit

+ Arbeit in den jeweiligen Fächern in Gruppen
+ Zwischenbesprechungen
➪ weitere Vorgehensweise festlegen

+ Ergebnisse präsentieren (Folien, Plakate o. Ä.)
+ Produkt ansprechend präsentieren
+ Verkauf/Durchführung

AWT	Name	Klasse	Datum	Nr.

Unser Projekt

____

Unsere Ideen:

____

____

____

____

Planung der weiteren Vorgehensweise:

____

____

____

____

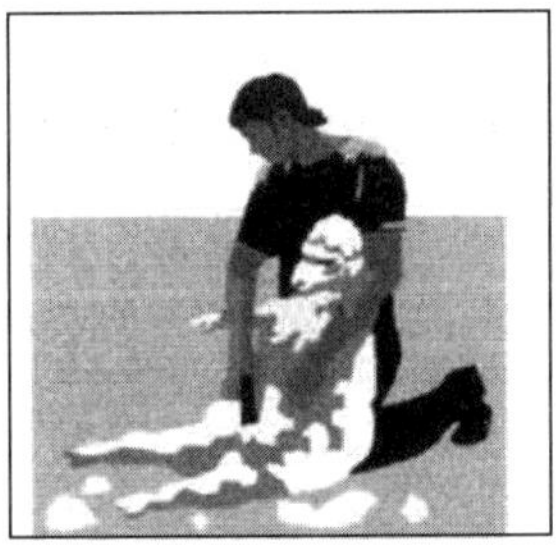

Durchführung:

____

____

____

____

Präsentation:

____

____

____

____

Auswertung:

____

____

____

____

AWT	Name	Klasse	Datum	Nr.

Selbstbewertung: So habe ich mich in die Projektarbeit eingebracht

I. Mein Interesse:

O Es fiel mir leicht, auch eigene Ideen einzubringen.
O Ich habe mitgemacht.
O Ich hatte keine Lust etwas zu tun.

II. Mein Arbeitsverhalten:

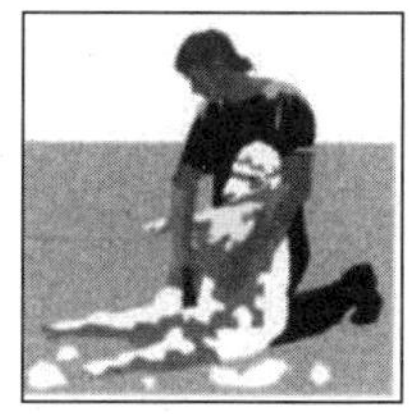

O Ich bin oft bei der Sache geblieben und habe mit meinen Gruppenmitgliedern zusammengearbeitet.
O Es fiel mir schwer, mich auf die Arbeit zu konzentrieren.
O Es war spitze, im Team zu arbeiten. Ich habe mich absolut eingebracht.

III. Mein Einsatz bei der Durchführung:

O Ich bin oft tatenlos herumgesessen.
O Ich habe sauber gearbeitet und meine Teammitglieder mitgerissen.
O Ich habe gut gearbeitet und mein Team unterstützt.

IV. Meine Kontrolle:

O Ich habe meine Arbeit oft überprüft und viel Wert auf Sauberkeit gelegt.
O Ich habe meine Arbeit von meinem Team kontrollieren lassen.
O Ich hatte kein Interesse daran, meine Arbeit zu kontrollieren. Hauptsache, ich habe sie gemacht.

V. Meine Gesprächsteilnahme:

O Ich hatte eigentlich keine Lust darauf, dass das Projekt gelingt.
O Ich hatte Interesse an dem Projekt und habe meine Aufgabe gerne übernommen.
O Ich habe oft nachgefragt und selbst bei Nachfragen geholfen.

VI. Meine Präsentation:

O Ich hatte gute Ideen für die Präsentation unserer Arbeit.
O Ich habe bei der Gestaltung der Plakate mitgearbeitet.
O Ich habe den anderen den Vortritt bei der Präsentation gegeben.

Bist du ein Projektprofi?

Kreuze richtig an.

Von **VERLUST** spricht man, wenn ...
O man sein Handy verloren hat.
O die Einnahmen niedriger als die Ausgaben sind.
O man 5 Kilo abgenommen hat.

Von **PRODUKTION** spricht man, wenn ...
O man Produkte herstellt.
O man für andere arbeitet.
O man eine Einmaleins-Aufgabe in Mathematik löst.

Von **MARKETING** spricht man, wenn ...
O man Textstellen in Texten markiert.
O man auf einem Wochenmarkt shoppen geht.
O man den Verkauf eines Produktes mit guten Ideen steigern möchte.

Von **ARBEITSORGANISATION** spricht man, wenn ...
O man sich die Hausaufgabenzeit einteilt.
O man die Arbeit so organisiert, dass man selbst nichts zu tun hat.
O man Arbeitschritte plant und abstimmt.

Von **NACHFRAGE** spricht man, wenn ...
O man eine Telefonauskunft anruft.
O man eine Aufgabe nicht versteht.
O Personen ein hergestelltes Produkt erwerben möchten.

Von **ANGEBOT** spricht man, wenn ...
O man auf eine Feier eingeladen ist.
O man in einen besseren Verein wechseln kann.
O man seine Werkstücke zum Kauf zur Verfügung stellt.

Von **GEWINN** spricht man, wenn ...
O man im Lotto gewonnen hat.
O die Lieblingsfußballmannschaft ein Spiel gewonnen hat.
O die Ausgaben niedriger als die Einnahmen sind.

Eine **KALKULATION** ist, wenn ...
O man Ausgaben und Einnahmen gegenüberstellt.
O man mit dem Taschenrechner rechnet.
O ich überlege, ob ich einen Spickzettel verwenden soll.

Von **UMSATZ** spricht man, wenn ...
O man Topfpflanzen neu einpflanzt.
O man Geld für verkaufte Ware einnimmt.
O man einen Satzteil bestimmen möchte.

Von **BESCHAFFUNG** spricht man, wenn ...
O man mit der EC-Karte bezahlt.
O man Rohstoffe für die Warenproduktion einkauft.
O man für die Mutter einkaufen geht.

Von **ABSATZ** spricht man, wenn ...
O man einen hohen Stöckelschuh meint.
O man den Kaffeesatz am Schluss in der Tasse meint.
O man Maßnahmen meint, um Werkstücke zu verkaufen.

THEMA

Der Einsatz technischer Geräte im Haushalt

LERNZIELE

- Einsatzorte, Einsatzarten und Einsatzziele technischer Geräte im Haushalt kennen
- Den Arbeitsplatzmerkmalen Inhalte zuordnen können
- Bewusst werden, dass Arbeitsplatzmerkmale Berufe beschreiben und die Erkundung bestimmen

ARBEITSMITTEL / MEDIEN / LITERATURHINWEISE

Folien, Arbeitsblätter für vorbereitende Hausaufgabe, Plakate
Karikatur S. 100 aus: AWT aktuell 7 © 2005 Oldenbourg Schulbuchverlag GmbH, München

TAFELBILD / FOLIEN

Der Einsatz technischer Geräte im Haushalt

Schlafzimmer/Kinderzimmer

CD-Player ➪ Musik hören
Radiowecker ➪ Wecken

Küche/Bad

Fön ➪ Haare trocknen
Spülmaschine ➪ Geschirr spülen usw.

Wohnzimmer/Arbeitszimmer

PC ➪ Spiele spielen
Fernseher ➪ Unterhaltung

Keller/Garage/Garten

Rasenmäher ➪ Rasen kürzen
Waschmaschine ➪ Wäsche waschen usw.

➪ Technische Geräte haben viele Vorteile:
- Arbeit erleichtern
- Komfortabel leben
- Eine angenehme Lebens-/Wohnatmosphäre schaffen
- Bequemes Leben

STUNDENBILD

Vorliegende Stunde bezieht sich auf 2 Unterrichtseinheiten.
Es besteht die Möglichkeit, nach der Gruppenarbeit zu unterbrechen und an einem anderen Tag mit der Präsentation der Gruppenarbeit wieder einzusteigen.

I. Hinführung

St. Impuls	Folie 1	L: Betrachte folgende Fotos. SSS beschreiben, wo und von wem das jeweilige technische Gerät bedient wird. L: Auch du hast zu Hause verschiedene Beobachtungen gemacht.
	Beobachtungsbogen	SSS äußern sich, vergleichen, nennen Unterschiede
Zielangabe	TA	**Wir untersuchen den Einsatz technischer Geräte im Haushalt**

II. Erarbeitung

	Folie 2	L: Betrachte den Grundriss folgenden Hauses. SSS äußern sich L: In der Gruppe bearbeitet ihr nun Folgendes.
arbeitsteilige GA	Plakate	• Wo kommt Technik im Haushalt zum Einsatz? • Welche technischen Geräte? • Wozu dient der Einsatz eines bestimmten Geräts? GA 1: Schlafzimmer/Kinderzimmer GA 2: Küche/Bad GA 3 : Wohnzimmer/Arbeitszimmer GA 4: Keller/Garage/Garten
Zusammenfassung		Jede Gruppe stellt ihre Plakate der Klasse vor.

Beachte: mehrfache Verwendung/mehrere Einsatzziele

III. Sicherung

	Folie 3	SSS ordnen technische Geräte ins Musterhaus mit Begründung ein: • Warum Einsatz an diesem Ort? • Welches Ziel verfolgst du damit?

IV. Vertiefung

		L: Überlege, welchen Zweck die vielfaltige Technik im Haushalt allgemein erfüllt? SSS: Arbeit erleichtern, komfortabel leben, eine angenehme Lebens-/Wohnatmosphäre schaffen, bequemes Leben
	Folie 4	L: Betrachte das Schaubild. Was will der Zeichner damit ausdrücken? L: Findest du weitere Beispiele, wo der Einsatz bestimmter technischer Geräte nicht immer Freude hervorruft?

AWT	Name	Klasse	Datum	Nr.

Wir untersuchen den Einsatz technischer Geräte im Haushalt
Beobachtungsbogen zum Ausfüllen

Zeit:

Samstag, ____________________ oder Sonntag, ____________________

Aufgabe:

Erstelle **an einem der beiden Tage** eine Übersicht, welche dir genau Aufschluss darüber gibt, **wer** bei dir zuhause **welche** technischen Geräte **wo**, **wie**, **wann** und **wozu** benutzt.
Verwende dafür als Vorlage den Beobachtungsbogen von Seite 101.

	Technisches Gerät	Einsatzort: *Wo?*	Einsatzart: *Wie?*	Einsatzziel: *Wozu?*	Einsatzzeit: *Wann?*	Einsatzdauer: *Wie lange?*	Nutzer: *Wer?*
(Beispiel)	Küchen-maschine	Küche	Teig kneten	Kuchen backen	11.00 Uhr	15 Minuten	Mama

Tipp 1:

Erkläre allen Personen deines Hauhalts das Verfahren und lege den Beobachtungsbogen an einem zentralen Platz aus.
So kann jeder seinen Technikeinsatz selbst eintragen.

Tipp 2:

Befrage am Ende des Beobachtungstages jedes Mitglied deiner Familie nochmals zur Kontrolle, damit kein Technikeinsatz vergessen wird.
Somit bist du auf der sicheren Seite, damit deine Tabelle auch gut gefüllt ist.

Beachte:

Bringe bitte zuverlässig deinen persönlichen Beobachtungsbogen am kommenden Montag in die Schule mit, denn die Ergebnisse können nur am Montag ausgewertet werden.
Nur vollständige Ergebnisse liefern uns ein klares Bild eurer Gewohnheiten bezüglich des Technikeinsatzes im Haushalt.

Folie 1: Einsatz einiger technischer Geräte der Familie Pfeifer

Folie 2: Grundriss Musterhaus

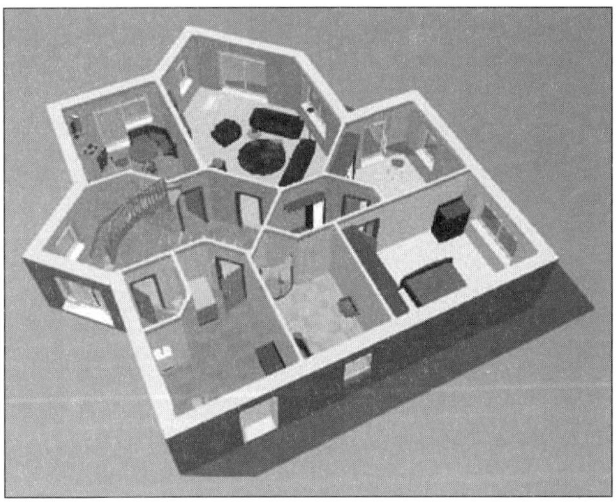
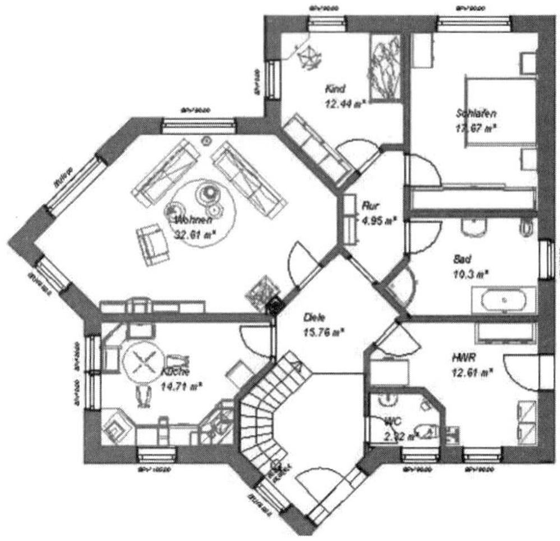

Folie 3: Technische Gegenstände zum Musterhaus

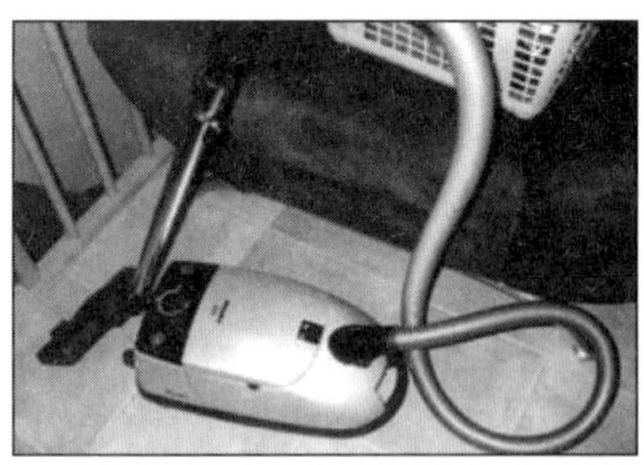
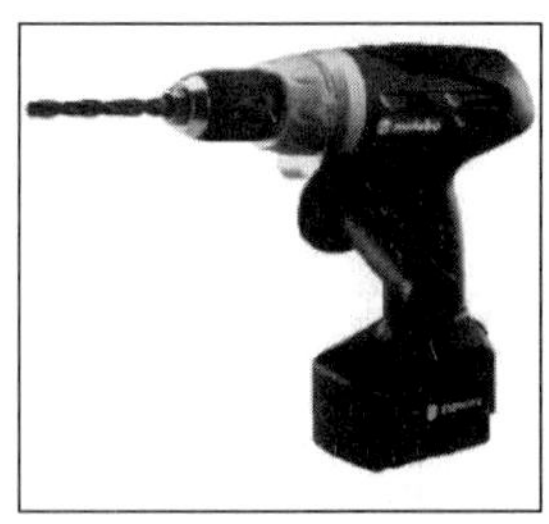

Folie 4: Karikatur

Zeichnung: Klaus Puth, München

Wir untersuchen den Einsatz technischer Geräte im Haushalt

Beobachtungsbogen

Technisches Gerät	**Einsatzort:** *Wo?*	**Einsatzart:** *Wie?*	**Einsatzziel:** *Wozu?*	**Einsatzzeit:** *Wann?*	**Einsatzdauer:** *Wie lange?*	**Nutzer:** *Wer?*

Verbraucherausgaben für Technik pro Haushalt

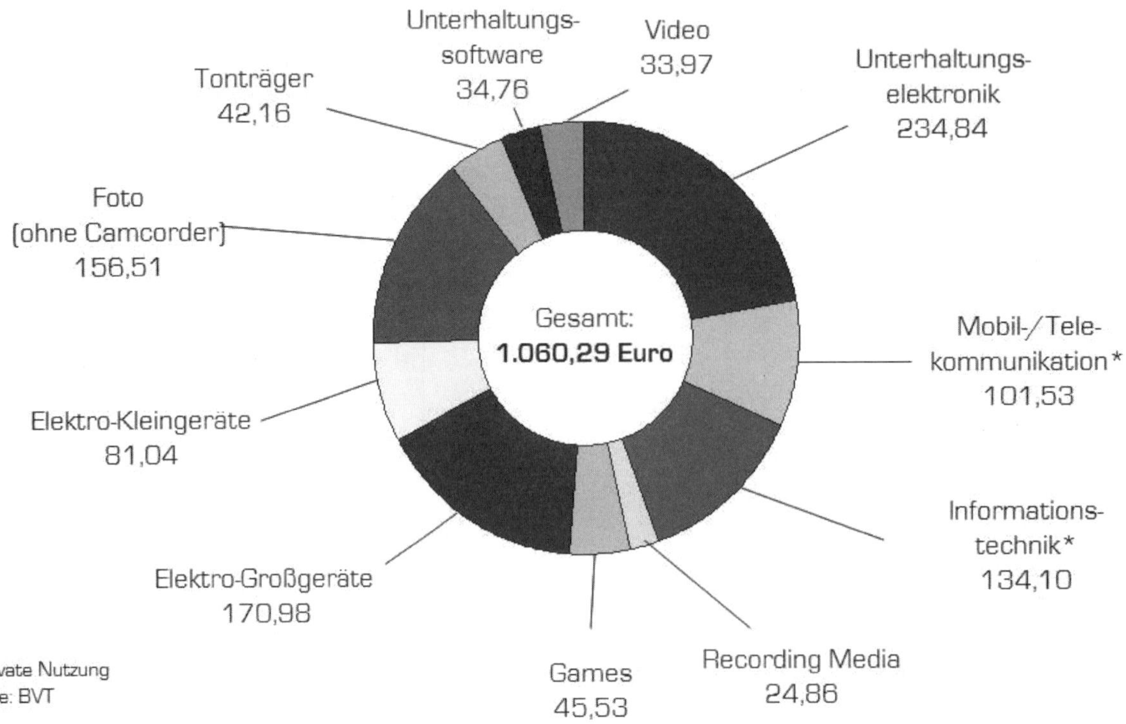

* private Nutzung
Quelle: BVT

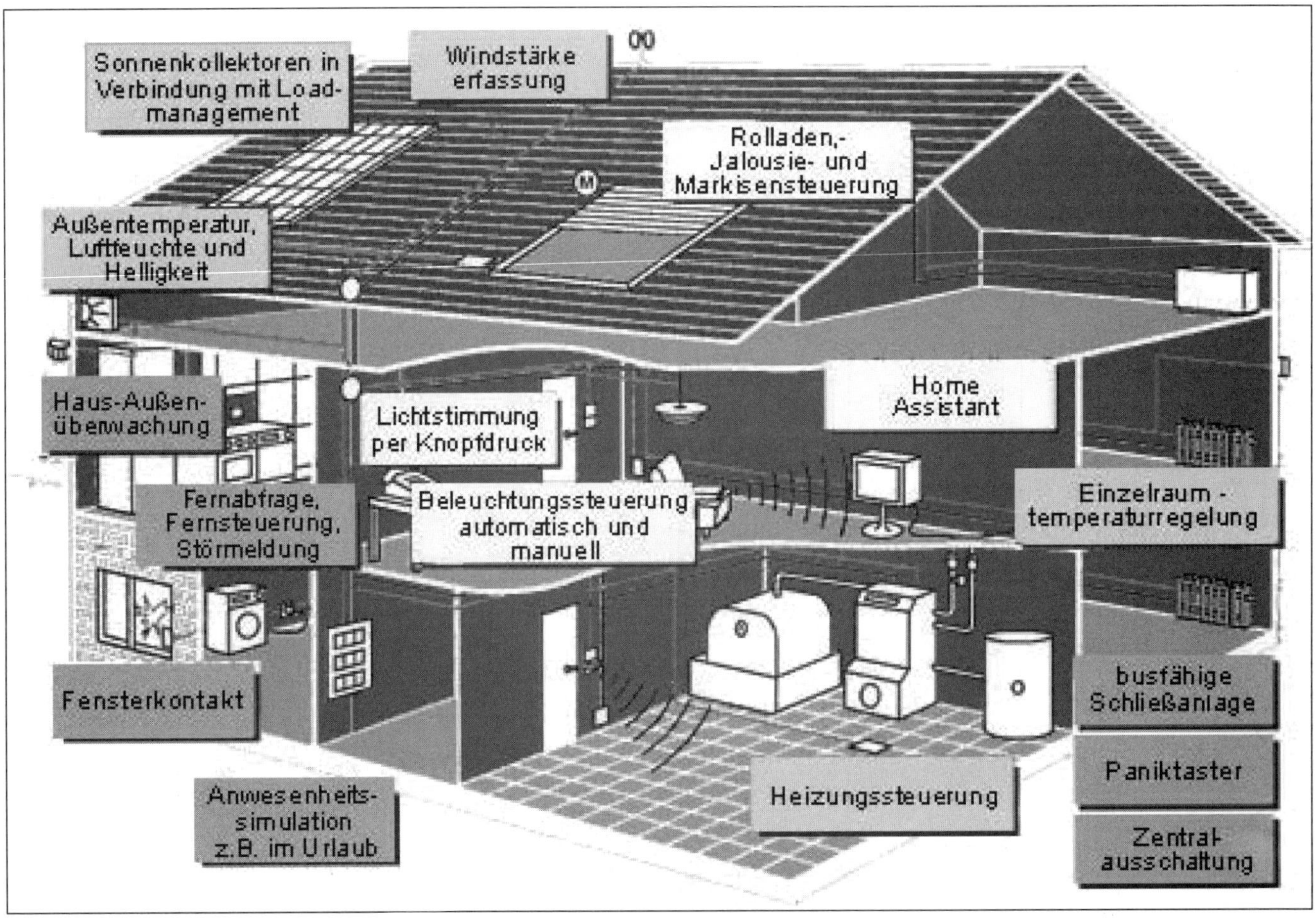

THEMA
Was müssen wir beim Kauf technischer Geräte beachten?

LERNZIELE
- Wissen, dass man ein Gerät bewusst kauft, wenn man Aufwand und Ertrag gegeneinander abwägt
- Aufwand und Ertrag bei verschiedenen technischen Geräten abwägen
- Bewusstsein für einen verantwortungsvollen Umgang mit technischen Geräten wecken

ARBEITSMITTEL / MEDIEN / LITERATURHINWEISE

Rollenspiel oder Tonband, Folien, Arbeitsblätter, evtl. Gegenstände

TAFELBILD / FOLIEN

Was müssen wir beim Kauf technischer Geräte beachten?

Aufwand:	**Nutzen:**
z. B. **Waschmaschine**: Anschaffungskosten	Zeitersparnis
z. B. **Energiesparlampe**: Anschaffungskosten	längere Lebensdauer Energieersparnis
z. B. **alte – neue Geräte**: Anschaffungskosten	Energieersparnis
z. B. **Entsorgung**: Arbeitsaufwand	Umwelt entlasten

Beim Kauf eines elektrischen Gerätes sollten wir Aufwand und Nutzen abwägen.

Probleme moderner Technik:
- komplizierte Bedienung
- viele Menschen sind überfordert

STUNDENBILD

Vorliegende Stunde bezieht sich auf 2 Unterrichtseinheiten. Es besteht die Möglichkeit, nach der Gruppenarbeit zu unterbrechen und an einem anderen Tag mit der Präsentation der Gruppenarbeit wieder einzusteigen.

I. Hinführung

Rollengespräch	Tonband bzw. Folie 1	SSS erklären, worum es geht L: Stelle dir vor, du wärst in einer ähnlichen Situation./Kennst du derartige Situationen? L: Würdest du dir – wenn du eine eigene Wohnung beziehst – sofort eine Mikrowelle kaufen? SSS berichten L: Was wäre auf jeden Fall vor dem Kauf sinnvoll? ➪ Abwägen: Aufwand – Nutzen
Zielangabe	TA	**Was müssen wir beim Kauf technischer Geräte beachten?**

II. Erarbeitung

	AB	L: Bearbeite das Arbeitsblatt mit deinem Partner. SSS arbeiten
GA arbeitsteilig		G 1: Waschmaschine G 2: Glühbirnenvergleich G 3: Energieersparnis: Vergleich alt – neu G 4: Entsorgung
	TA	Sammeln der Ergebnisse/Präsentation

III. Sicherung

		SSS übernehmen TA als Eintrag
	Folie 2	❶ Welchen Gewinn hat die Waschmaschine tatsächlich gebracht? ➪ Zeit ❷ Welchen Nutzen haben Energiesparlampen hauptsächlich gebracht? ➪ lange Lebensdauer + weniger Energieverbrauch ❸ Welchen Nutzen haben neue technische Geräte gegenüber alten? ➪ weniger Energieverbrauch ➪ spart Kosten ❹ Warum muss man technische Geräte, vor allem elektrische Geräte fachgerecht entsorgen? ➪ Umwelt schonen

IV. Vertiefung

	Folie 3	Fallbeispiele: Aufwand und Ertrag

AWT	Name	Klasse	Datum	Nr.

Gruppe 1: „Waschmaschine“

Wollte man früher Wäsche waschen, so waren viele Arbeitsschritte nötig:

① Wäsche einweichen	➪ 30 Minuten
② Wäsche auswringen	➪ 10 Minuten
③ Wasser heiß machen	➪ 20 Minuten
④ Vorwaschen und wieder auswringen	➪ 20 Minuten
⑤ Kochwäsche kochen	➪ 20 Minuten
⑥ Buntwäsche waschen	➪ 20 Minuten
⑦ Wäsche spülen	➪ 10 Minuten
⑧ Wäsche wieder auswringen	➪ 10 Minuten

❶ Berechne, wie lange ein Waschvorgang früher gedauert hat.
❷ Wie viele Arbeitschritte sind beim Wäschewaschen heute im Vergleich zu früher nötig? Berechne auch die Zeitersparnis heute!
❸ Wo liegt bei diesem dargestellten Beispiel der Aufwand, wo der Nutzen?
❹ Gibt es weitere technische Geräte, die einen ähnlichen Nutzen wie die Waschmaschine haben?

Stelle deine Ergebnisse der Klasse vor. Du kannst so beginnen:

Unsere Gruppe hatte das Beispiel „Waschmaschine“. Wir haben herausgefunden, dass die Waschmaschine folgenden Nutzen hat:

____ ➪ Folie.

Als Aufwand bei einer Waschmaschine gibt es zu ______________________ nennen.

Wie die Waschmaschine bringen auch ______________________ einen ähnlichen Nutzen.

AWT	Name	Klasse	Datum	Nr.

Gruppe 2: „Glühbirnenvergleich"

❶ Wo liegt der Aufwand einer Energiesparlampe gegenüber einer herkömmlichen Glühbirne?

❷ Wo liegt der Nutzen einer Energiesparlampe?

❸ Finde heraus, wie sich der Einsatz der vorliegenden Energiesparlampe gegenüber der Glühbirne bemerkbar macht. Bearbeite dazu die kleine Tabelle.

15 herkömmliche Glühbirnen brennen 15 000 Stunden = 1 Energiesparlampe!

Stelle deine Ergebnisse der Klasse vor. Du kannst so beginnen:

Unsere Gruppe hatte das Beispiel „Energiesparlampe – herkömmliche Glühbirne".

Wir haben herausgefunden, dass eine Energiesparlampe folgenden Aufwand hat:

____

Als Nutzen gibt es beim Vergleich ______________________________ für die Energiesparlampe zu nennen.

Bei der Energiesparlampe macht sich der Einsatz folgendermaßen bemerkbar:

____!

➪ Tabelle

Lampenart	Benötigte Anzahl an Lampen für 15 000 Stunden Brenndauer	Kosten pro Lampe	Anschaffungskosten insgesamt
Glühlampe		0,79 €	
Energiespar-lampe			

AWT	Name	Klasse	Datum	Nr.

Gruppe 3: „Vergleich alter und neuer technischer Geräte“

❶ Wo liegt der Nutzen neuer technischer Geräte im Vergleich zu alten?

❷ Macht sich das auch in unserem Geldbeutel bemerkbar? Vergleiche und berechne.

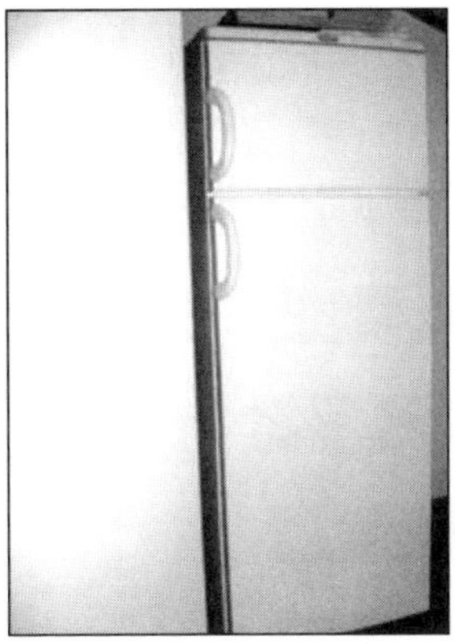

	Spülmaschine	Waschmaschine	Kochtopf	Kühlschrank
altes Gerät Verbrauch in kWh	320	300	500	450
neues Gerät Verbrauch in kWh	180	230	220	260
Ersparnis in kWh				
Ersparnis in €				

Erklärung: Der Stromverbrauch wird immer in Kilowattstunden (kWh) angegeben.
Für die Berechnung: 1 kWh = 0,15 €

Stelle deine Ergebnisse der Klasse vor. Du kannst so beginnen:
Unsere Gruppe hatte das Beispiel „Vergleich alter und neuer technischer Geräte“.
Wir haben herausgefunden, dass der Nutzen neuer technischer Geräte bei ____________________
____ liegt.
Auch in unserem Geldbeutel macht sich der Nutzen bemerkbar. Hier einige Beispiele ➪ Tabelle. Jedoch lässt sich nicht nur durch die Anschaffung neuer technischer Geräte Energie sparen, sondern auch durch unseren vernünftigen Umgang mit elektrischen Geräten. Wir können z. B. Energie sparen, wenn wir:

- ____
- ____
- ____
- ____

Gruppe 3: „Vergleich alter und neuer technischer Geräte“

Zusatzaufgaben:

❶ Kommentiere die Grafik „Auf dem Energiespartrip“. Was kannst du und deine Familie dabei ohne viel Kostenaufwand realisieren? Was versprechen sich die meisten Bundesbürger von ihrem Energiespartrip?

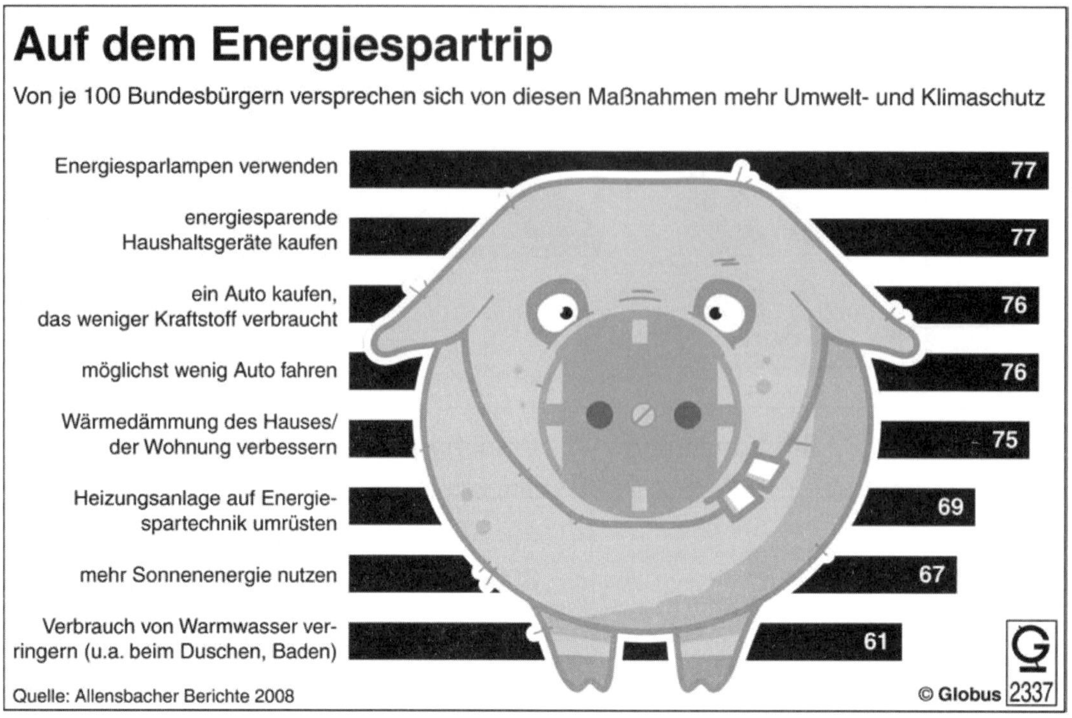

❷ Nicht nur durch die Anschaffung neuer technischer Geräte lässt sich Energie sparen, sondern auch durch vernünftigen Umgang und Einsatz technischer Geräte. Kommentiere die Bilder unten.

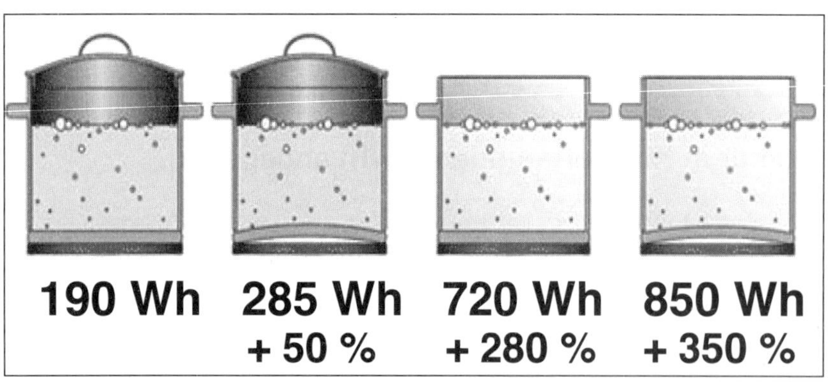

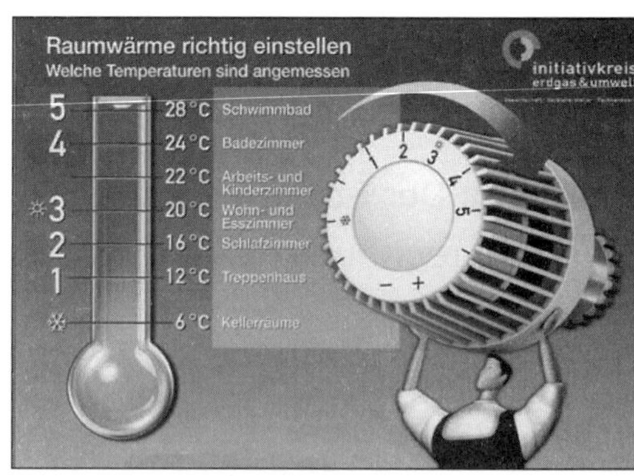

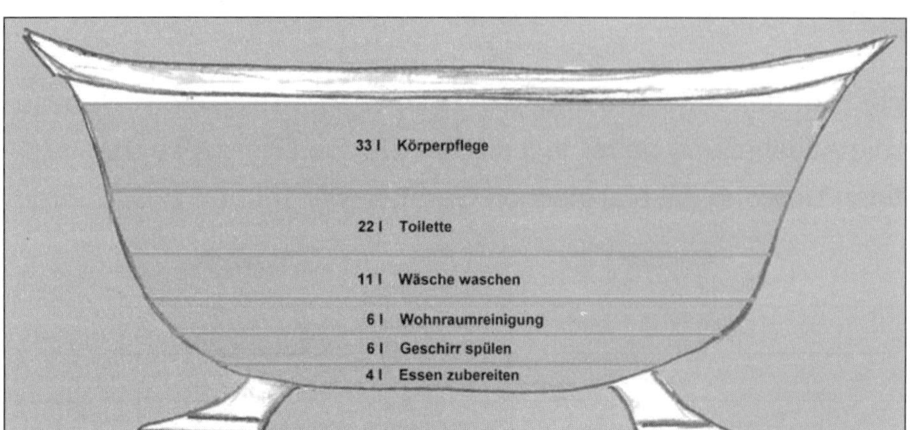

AWT	Name	Klasse	Datum	Nr.

Gruppe 4: „Entsorgung"

❶ Wie werden technische Geräte, vor allem elektrische Geräte, fachgerecht entsorgt?

❷ Was passiert mit alten Kühlgeräten?

❸ Wie werden Batterien entsorgt?

❹ Was wird vor allem an Schulen in einer Sammelbox gesammelt, bevor diese Teile entsorgt werden?

❺ Was passiert mit Elektro- und Kühlgeräten vor der Verschrottung? ➪ siehe Bild.

Technische Geräte haben keine unbegrenzte Lebensdauer. Man kann sie durchschnittlich zehn Jahre einsetzen. Ist ein technisches Gerät defekt, so sollte man erst einmal überprüfen, ob man es reparieren kann. Ist dies nicht möglich, so muss das Gerät fachgerecht entsorgt werden. Einige Bausteine des Gerätes können wiederverwendet werden, Schadstoffe wie z. B. Blei werden umweltfreundlich entsorgt.

Elektroschrott:

Waschmaschinen, Bügeleisen, PC-Reste und ähnliches zählen zum Elektroschrott. Schrotthändler und der Wertstofthof nehmen diese Geräte an. Auch der Elektrohändler entsorgt alte Geräte, wenn man ein neues kauft.

Kühlgeräte:

Alte Gefrier- oder Kühlschränke enthalten oft umweltschädliche Flüssigkeiten. Damit sie nicht in die Umwelt gelangen und dort das Grundwasser verseuchen, müssen diese Geräte in speziellen Firmen entsorgt werden. In manchen Gemeinden gibt es extra Entsorgungskarten für Kühlgeräte. Aber auch hier nimmt die Firma das alte Gerät ab und entsorgt es, wenn man ein neues dafür kauft.

Stelle deine Ergebnisse der Klasse vor. Du kannst so beginnen:

Unsere Gruppe hatte das Beispiel „Entsorgung technischer Geräte". Wir haben herausgefunden, dass wir elektrische Geräte – auch Elektroschrott (z.B. Bügeleisen, Computerschirme) – bei ______ ________________________________ entsorgen können.

Alte Kühlgeräte werden von ________________________________ entsorgt, weil sie ________________________ enthalten. Batterien entsorgt man am besten ____________ ________________________________. Auch in unserer Schule stehen Sammelboxen für ________________________________.

Wusstest du schon, dass man bei manchen Elektro- und Kühlgeräten zuerst die ____________ ________________________________ ausbaut, bevor sie verschrottet werden? Z.B. ________________________________

Frage an die Klasse:

Wo entsorgt ihr diesen technischen Abfall?

➪ Folie

Folie 1:
Ein Rollenspiel:
Technik im Haushalt – Aufwand und Nutzen

Steffi: Hallo Tina. Na, wie ist das, wenn man endlich seine eigene Wohnung hat?

Tina: Echt klasse, Schwesterchen. Ist doch keine Frage.

Steffi: Du hast ja sogar eine Mikrowelle. Kochst du jetzt nur noch damit? Und das, obwohl du in HSB immer die besten Noten hattest.

Tina: Nein, ich benutze sie hauptsächlich zum Erwärmen.

Steffi: Du machst dir wohl oft Fertiggerichte warm, was? Dabei hast du doch immer so gerne gekocht.

Tina: Naja, wenn ich Zeit habe, dann koche ich immer noch gerne und bereite alles frisch zu. Vor allem, wenn Freunde kommen. Aber du weißt ja Schwesterchen: Für mich alleine lohnt sich der Aufwand zu kochen nicht. Und dann hat so eine Mikrowelle schon seine Vorteile.

Steffi: Jaja, ich weiß schon, was du sagen willst. Man muss immer Aufwand und Nutzen eines technischen Gerätes abwägen.

Folie 2:
Sicherung

❶ Welchen Gewinn hat die Waschmaschine tatsächlich gebracht?
➪Zeit

❷ Welchen Nutzen haben Energiesparlampen hauptsächlich gebracht?
➪ lange Lebensdauer + weniger Energieverbrauch

❸ Welchen Nutzen haben neue technische Geräte gegenüber alten?
➪ weniger Energieverbrauch ➪ spart Kosten

❹ Warum muss man technische Geräte, vor allem elektrische Geräte fachgerecht entsorgen?
➪ Umwelt schonen

Folie 3:
Was meinst du dazu? Stelle Aufwand und Ertrag gegenüber!

Stefan ist ein PC-Ass. Er erledigt möglichst viele Aufgaben am Computer. Jetzt möchte er seinen PC auch dazu nutzen, wenn er für seine Mutter Einkäufe erledigen muss. Er tippt seinen Einkaufszettel mit einem Textverarbeitungsprogramm, druckt ihn aus und geht einkaufen.

Fritz geht mit seiner Frau im Baumarkt einkaufen. Da sieht er einen Steckschlüsselsatz: 68 Teile für 18,99 €! Das ist ein super Angebot. Seine Frau entgegnet ihm jedoch nur kurz: „Mein Vater hat immer gesagt, dass solche Sonderangebote richtig teuer werden können!“ Was meint sie wohl damit?

Herr Striemer wohnt mit seiner Familie in einem Reihenhaus. Herr Striemer hasst es, im Winter den Gehsteig mit der Schneeschaufel zu räumen. Daher überlegt er, sich eine Motorschneefräse zu kaufen.

Steffi sieht im PC-Markt einen Tintenstrahldrucker für nur 49 €. Die Nachfüllfarbpatronen kosten 44 € pro Stück, eine schwarze Patrone um 37 €.

THEMA

Ein Tag im Haus der Zukunft

LERNZIELE

- Moderne Technik im Haushalt kennen lernen
- Bei angegebenen technischen Geraten zwischen Realität und Fiktion unterscheiden
- Bewusst werden, dass moderne Technik auch Nachteile hat und diese kennen

ARBEITSMITTEL / MEDIEN / LITERATURHINWEISE

Folien, Arbeitsblatt

TAFELBILD / FOLIEN

Ein Tag im Haus der Zukunft

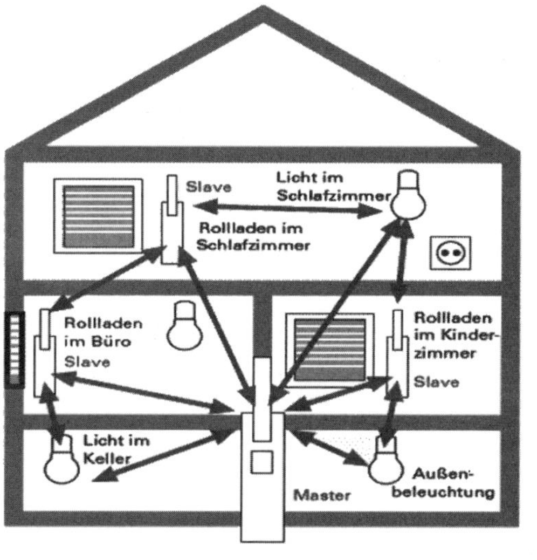

Technisches Gerät	Aufgabe/Funktion
Intelligente, programmierbare Badheizung	Sorgt für die gewünschte Temperatur zur gewünschten Zeit
Multimediaspiegel	Spiegel und Fernseher
Kaffee-Tee-Maschine	Bereitet verschiedene Getränke selbstständig her
Intelligenter Backofen	Backt selbstständig Brötchen auf
Helligkeitssensoren	Reagieren auf Licht und steuern die Rollläden

Auch die Haussteuerung ist ein neues, modernes technisches Gerät. Hier werden aber auch die Nachteile moderner Technik deutlich:

➪ Nachteile der Haussteuerung
- gründliche Einarbeitung in moderne Technik
- Funktionsstörung der Fernbedienung oder Stromzufuhr

STUNDENBILD

I. Hinführung		
Stummer Impuls	Folie 1	SSS äußern sich L: Wie stellst du dir die Technik von morgen vor? SSS äußern sich
Zielangabe	TA	**Ein Tag im Haus der Zukunft**
II. Erarbeitung		
	AB	L: Lies dir durch, was Familie Horn im Haus von morgen erlebt. Erarbeite dann mit deinem Partner die Arbeitsaufträge 1/2/3 SSS arbeiten
	TA/Folie	SSS tragen ihre Ergebnisse vor
III. Sicherung		
	Folie	SSS übernehmen TA ins Heft oder auf Blatt L: Welche Aufgaben müssten deine Großeltern lernen, wenn sie deine elektronischen Geräte bedienen wollten? SSS äußern sich
	AB	L: Du hast sicher tolle Ideen für weitere technische Neuerungen im modernen Haus. SSS bearbeiten Arbeitsauftrag 4 ➪ auch in Deutsch möglich
IV. Vertiefung		
	Folie 2	SSS betrachten Bilder, äußern sich dazu. ➪ Nachteile der Haussteuerung L: Stell dir vor, du solltest ein Gerät entwickeln, welches dir die Arbeit zuhause erleichtern könnte. Welches Gerät würde das sein? Zeichne es auf und beschreibe seine Funktion.

AWT	Name	Klasse	Datum	Nr.

Ein Tag im Haus der Zukunft

Es ist der 14. April 2020. Familie Horn lebt in einem intelligenten Haus. Um 6.10 Uhr wird die Familie von der jeweiligen Lieblingsmusik über Lautsprecher geweckt. Alle stehen auf und gehen in das bereits vorgewärmte Badezimmer. Während des Zähneputzens können alle bereits über einen Multimediaspiegel die Frühnachrichten ansehen. In der Zwischenzeit startet die vollautomatische Kaffee-Tee-Maschine mit der Zubereitung des jeweiligen Frühstücksgetränks: Für Frau Horn einen Cappuccino, Herr Horn bekommt einen Kaffee schwarz mit Zucker, der Sohn Timo trinkt Pfefferminztee und Tochter Susanne möchte gerne eine Tasse Früchtetee. Im intelligenten Backofen werden die Brötchen aufgebacken. Sobald die Helligkeitssensoren draußen genügend Licht melden, öffnen sich die vollautomatischen Rollladen von selbst. Wenn die Familie eine Stunde später das Haus verlässt, so ist im Haus nicht alles ruhig. Dann beginnt die Arbeit des modernen Staubsaugers: Er kurvt durch die Räume, erkennt Hindernisse und merkt sich seine Arbeitsstrecke. Ähnlich ...

Arbeitsaufgabe für die Partnerarbeit:

❶ Unterstreiche alle genannten technischen Geräte!

❷ Beschrifte die Tabelle, in der du das technische Gerät und seine Aufgabe einträgst!

Technisches Gerät	Aufgabe/Funktion

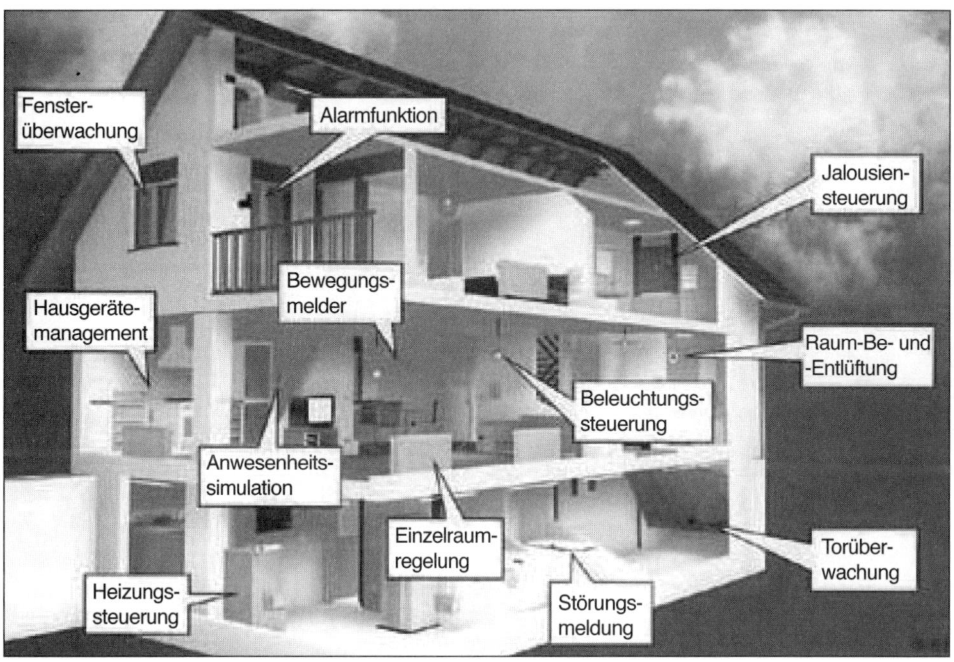

❸ Besprich dich mit deinem Partner: Welche beschriebenen Geräte gibt es wohl bereits, welche sind reine Fiktion?

❹ Schreibe die „Geschichte" weiter. Was könnte noch alles technisiert stattfinden?

Folie 1: Science-Fiction oder Reality?

Das Neueste vom Neuen:
Kühlschrank KÜHLKAUF – der Kühlschrank, der für sie einkauft.

➪ Ein integrierter Computer verwaltet den Inhalt des Kühlschranks.
➪ Er ermittelt fehlende oder zur Neige gehende Lebensmittel und bestellt durch seine Verbindung mit dem Internet nach.
➪ Ein Bote bringt die Produkte zur gewünschten Zeit ins Haus.

Folie 2: Haussteuerung

➪ Nachteile der Haussteuerung
- gründliche Einarbeitung in moderne Technik
- Funktionsstörung der Fernbedienung oder Stromzufuhr

THEMA **Überprüfe dein Wissen: Wiederholen, Üben, Anwenden, Vertiefen**

LERNZIELE

- Die Schüler wiederholen, üben und vertiefen ihr Wissen aus den vorangegangenen Stunden

ARBEITSMITTEL / MEDIEN / LITERATURHINWEISE

Stationenkarten, Folienstifte

TAFELBILD / FOLIEN

1. Station:
Technische Geräte im Haushalt

2. Station:
Technische Geräte im Haushalt

3. Station:
Aufwand und Ertrag

4. Station:
Aufwand und Ertrag

5. Station:
Aufwand und Ertrag

6. Station:
Aufwand und Ertrag

7. Station:
Moderne Technik

8. Station:
Grafik interpretieren

9. Station:
Grafik interpretieren

Hinweis:
Für den Stationenlauf sollten die Karten laminiert werden, damit die Schüler teilweise auch darauf arbeiten können. Es gibt neun Stationen. Am besten arbeiten die Schüler in Partnerarbeit an den Stationen. An manchen Stationen gibt es Punkte. Das Team mit den meisten Punkten ist Sieger. Es kann das Heft zur Kontrolle verwendet werden.

STUNDENBILD

I. Hinführung

L: Du hast dich nun intensiv mit dem Thema Arbeit und Haushalt auseinandergesetzt. Heute kannst du dein Wissen noch einmal überprüfen.

II. Erarbeitung

Vorgehensweise beim Stationenlauf erklären

AB — SSS: arbeiten an den Stationen

III. Sicherung

L: Ich möchte nun wissen, wie es dir bei der Bearbeitung der Stationen ergangen ist.

SSS: nennen

1. Station:
Technische Geräte im Haushalt

Arbeitsauftrag:
Übertrage die Tabelle auf dein Blatt/in dein Heft und ergänze fehlende Angaben!

Gerät	Einsatzort
Telefon	Wohnzimmer, Küche, Kinderzimmer, ...
Computer	____________
____________	Wohnzimmer, Kinderzimmer
Bohrmaschine	____________
____________	Badezimmer
____________	____________

2. Station:
Technische Geräte im Haushalt

Arbeitsauftrag:
Übertrage die Tabelle auf dein Blatt/in dein Heft und ergänze fehlende Angaben!

Gerät	Einsatzort/WO?	Einsatzart/WIE?	Einsatzziel/WOZU?
Küchenmaschine	____________	____________	____________
____________	____________	____________	informieren
____________	____________	Waschmittel zugeben	____________
Kühlschrank	____________	____________	____________
____________	Kinderzimmer	____________	____________
____________	____________	____________	unterhalten

3. Station:
Aufwand und Ertrag

Arbeitsauftrag:
Viele technische Geräte haben uns das Leben/die Arbeit erleichtert. Im Unterricht haben wir über die Waschmaschine gesprochen. Suche ein anderes technisches Gerät und beschreibe die Zeit- und Arbeitsaufwandersparnis.

4. Station:
Aufwand und Ertrag

Arbeitsauftrag:
Die Energiesparlampe ist nicht nur stromsparend, sondern auch geldbeutelfreundlich.
Übertrage die Tabelle in dein Heft und berechne fehlende Angaben!

Lampen gleicher Helligkeit, aber verschiedener Wattzahlen	
Glühbirne	Energiesparlampe
40 W	7 W
______	11 W
75 W	______
______	20 W

5. Station:
Aufwand und Ertrag

Arbeitsauftrag:
Wo entsorgst du folgende technischen Geräte?
Schreibe in dein Heft/auf dein Blatt und ordne ein:

Batterien – Kühlschrank – Kabelreste – Bügeleisen – DVD-Player – PC - Waschmaschine – Gefrierschrank – Toaster

Problemmüll:
Rathaus:
Elektrohandel:
Sammelstelle Wertstoffhof:

6. Station:
Aufwand und Ertrag

Arbeitsauftrag:
Wie bewertest du folgende Fälle hinsichtlich Aufwand und Ertrag?
Besprich dich mit deinem Partner!

Fall 1:
Fritz ist PC-Freak. Möglichst alles erledigt er mit dem Computer. So möchte er in Zukunft auch seine Einkaufsliste auf dem PC schreiben, ausdrucken und damit einkaufen gehen.

Fall 2:
Familie Kaufschnell wohnt in einem Reihenhaus. Herr Kaufschnell hasst es, den Gehsteig vor dem Haus mit dem Schneeschieber sauber zu machen. Er überlegt, sich eine Motorschneefräse zu kaufen.

7. Station: Moderne Technik

Arbeitsauftrag:
Du hast viele moderne technische Geräte kennen gelernt. Notiere zwei moderne technische Geräte mit ihren Vor- und Nachteilen.
Beispiel: Rollladen mit Helligkeitssensoren
Nachteil: fahren an trüben Tagen erst später oder gar nicht hoch
Vorteil: Arbeits- und Zeitersparnis

8. Station: Grafik interpretieren

Arbeitsauftrag:
Betrachte die Grafik und beantworte die Fragen in deinem Heft/auf deinem Blatt!

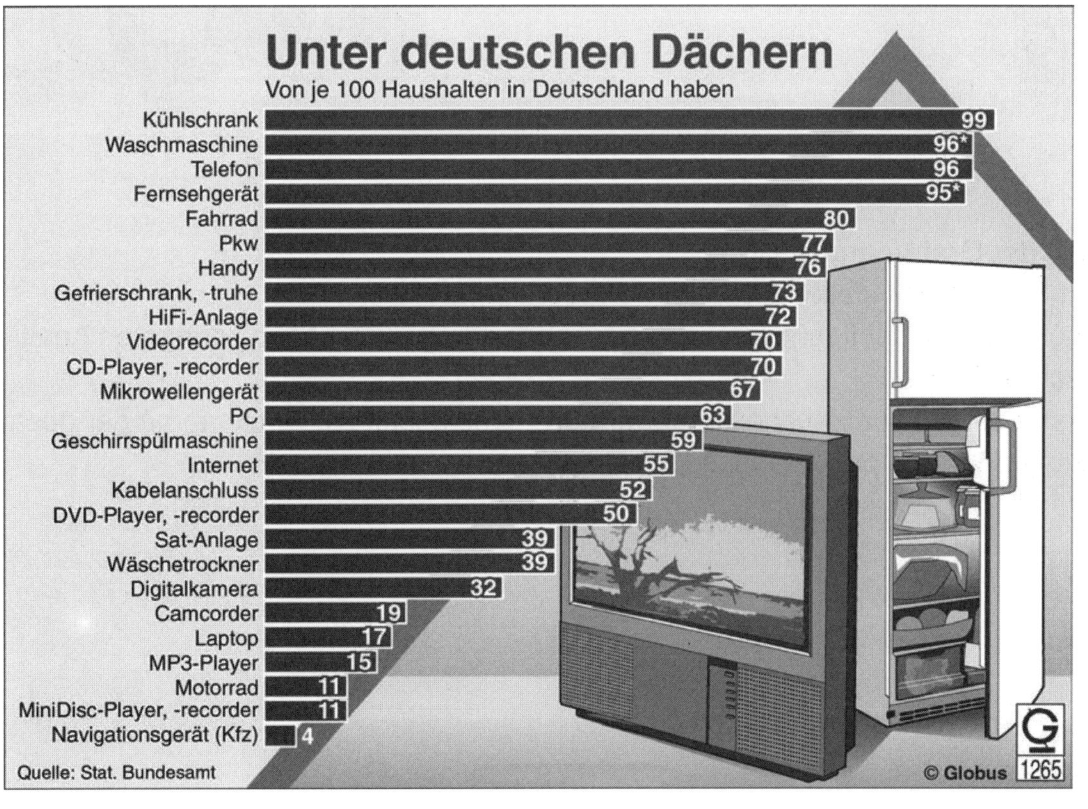

❶ Was kannst du in der Grafik erkennen?
❷ Die angegeben technischen Geräte erleichtern uns die Arbeit. Ordne sie nach dem Grad der damit verbundenen Arbeitserleichterung!

9. Station: Grafik interpretieren

Arbeitsauftrag:
Betrachte die Grafik und beantworte die Fragen in deinem Heft/auf deinem Blatt!

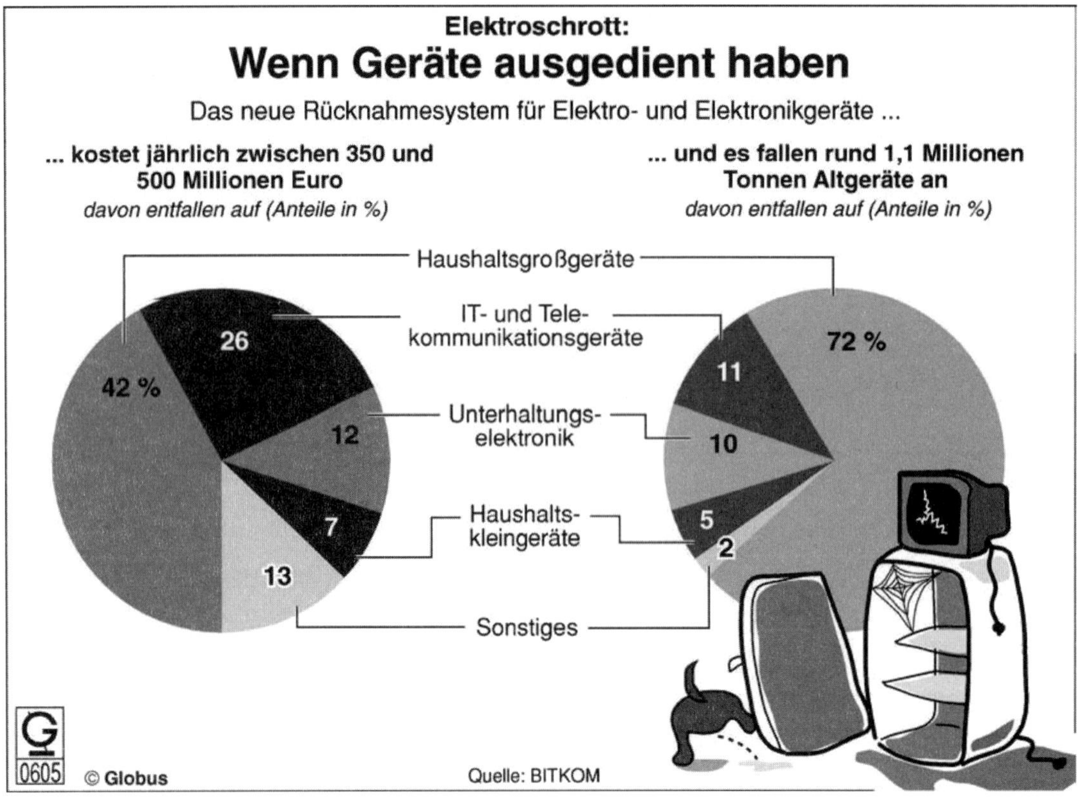

❶ Was ist in der Grafik dargestellt?

❷ Welchen Sachverhalt stellen die beiden Prozentkreise dar?

❸ In welchem Bereich gibt es, prozentual gesehen, den größten bzw. geringsten Anteil an Elektroschrott?

❹ Was verstehst du unter Haushaltsgroßgeräten? Was kostet die Rücknahme der gesamten Haushaltsgroßgeräte pro Jahr in Deutschland?

AWT	Name	Klasse	Datum	Nr.

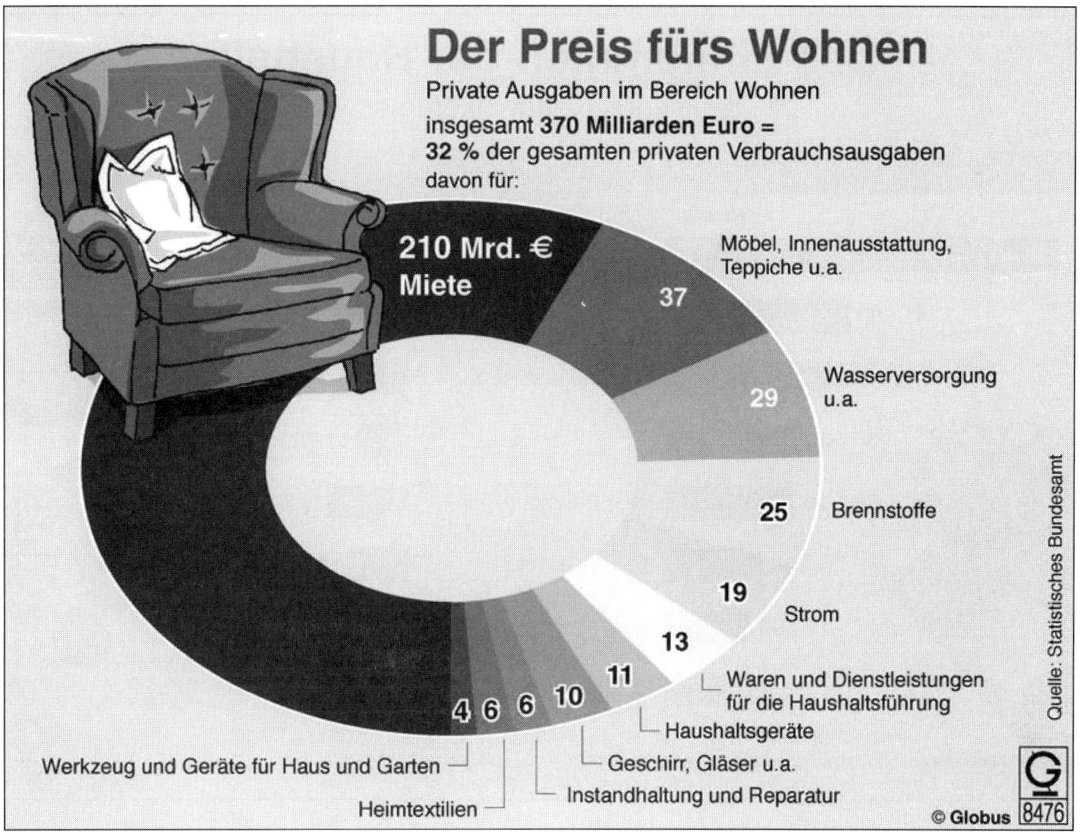

❶ Begriffsklärung:

① **Verbrauchsausgaben:** ____________________

② **Instandhaltung:** ____________________

③ **Heimtextilien:** ____________________

❷ Ergänze fehlende Angaben:

Es geht um Ausgaben im Bereich ____________________. Insgesamt wurden dafür ________ Milliarden € ausgegeben. Der größte Anteil wurde für die ____________________ ausgegeben, der geringste Anteil für ____________________. Für ____________________ und ____________________ wurde gleich viel ausgegeben.

❸ Richtig oder falsch? Schreibe über falsche Aussagen das Richtige darüber.

① Für die Wasserversorgung wurden 29 % ausgegeben.

② Ausgaben für Brennstoffe hatten nur die Haushalte, die mit Holz heizen.

③ 68 % wurden für andere Dinge ausgegeben.

AWT	Name	Klasse	Datum	Nr.

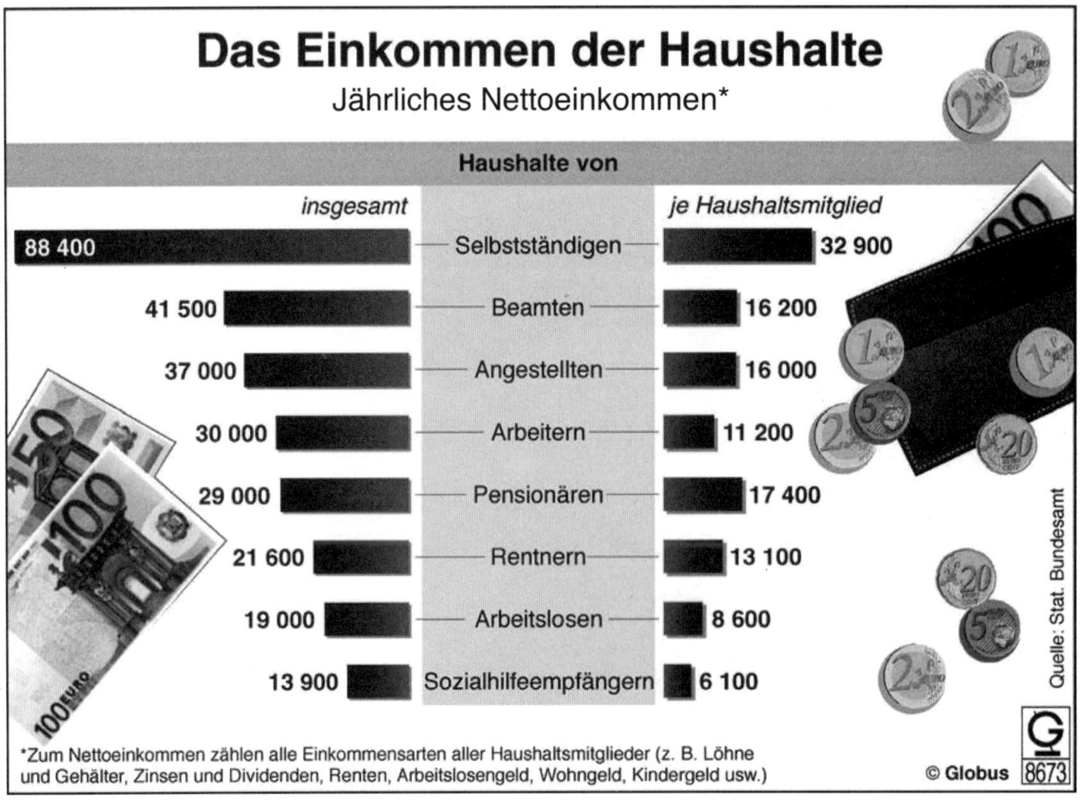

❶ Begriffsklärung:

① **Nettoeinkommen:** ______________________________

② **Pensionäre:** ______________________________

❷ Fragen: Betrachte dazu lediglich das rechte Balkendiagramm.

① Wie viel Nettoeinkommen haben die Selbstständigen je Haushaltsmitglied im Durchschnitt?

② Welche Personengruppe hat 16 000 € je Haushaltsmitglied?

③ Wer hat am wenigsten Nettoeinkommen je Haushaltsmitglied?

❸ Richtig oder falsch? Verbessere falsche Aussagen, indem du die richtige Antwort darüber schreibst.

① Im Durchschnitt haben Arbeiter pro Jahr 13 100 € verdient.

② Selbstständige haben am meisten Nettoeinkommen.

③ Je länger der Balken, desto höher das Nettoeinkommen.

④ Beamte haben 200 € mehr Nettoeinkommen als Angestellte.

AWT	Name	Klasse	Datum	Nr.

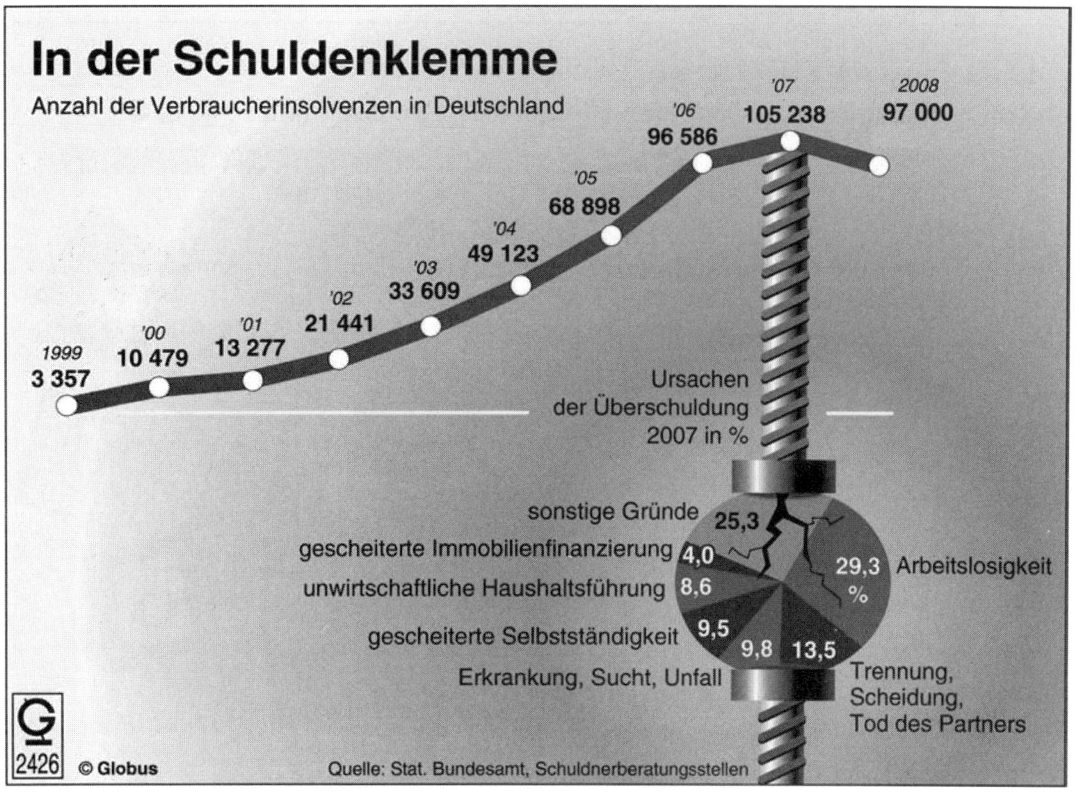

❶ Begriffsklärung:

① Schuldenfalle: ______________________

② Privathaushalte: ______________________

③ Konsum: ______________________

④ Überschuldung: ______________________

❷ Fragen:

① Wie viele überschuldete Privathaushalte gibt es in Deutschland?

② Nenne die sieben konkreten Gründe, die in der Grafik für Überschuldung genannt werden.

③ Welche Gründe gehören unter die Rubrik „sonstige Gründe“? Nenne drei davon.

④ In welcher „Einheit“ sind die Angaben gemacht? Euro oder Prozent?

❸ Ergänze fehlende Angaben:

In der Grafik geht es um Privathaushalte in der ______________________.

Die meist genannte Ursache für Überschuldung ist demnach die ______________________.

Mit 8,6 % steht die unwirtschaftliche Haushaltsführung an ______________ Stelle.

AWT	Name	Klasse	Datum	Nr.

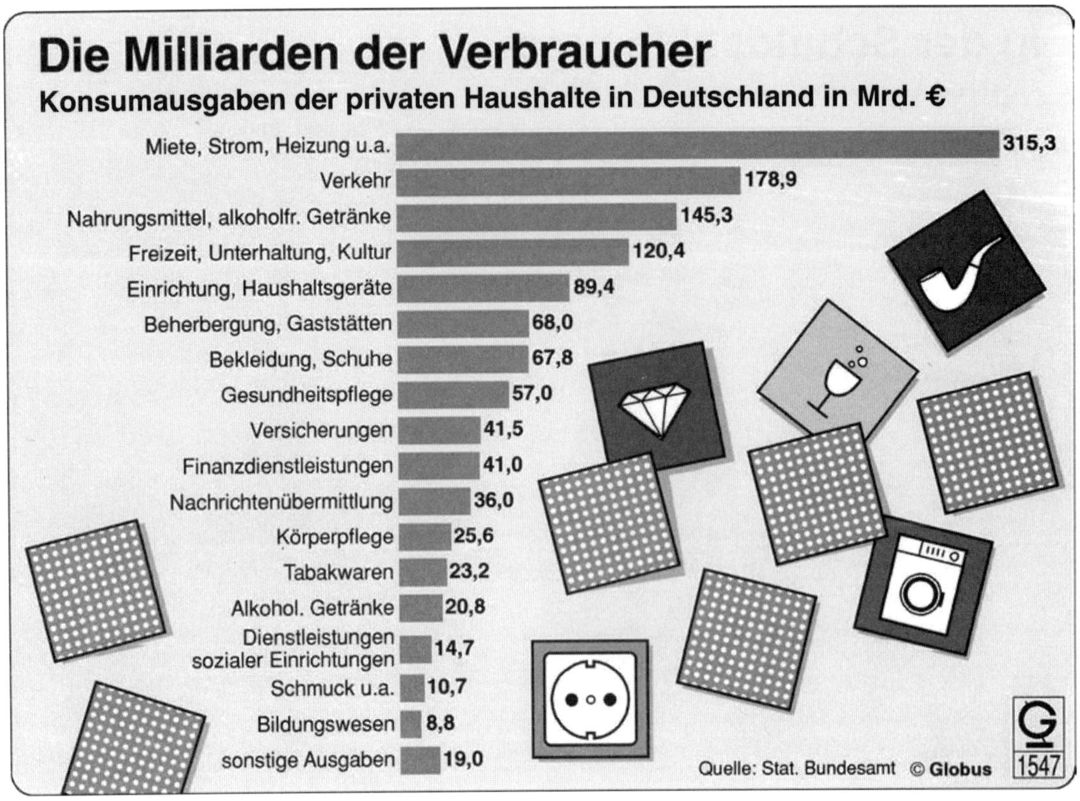

❶ In der Grafik geht es um Konsumausgaben. Nenne Beispiele für folgende Oberbegriffe:

① **Freizeit, Unterhaltung, Kultur:**

____

____

② **Gesundheitspflege:**

____

③ **Persönliche Gebrauchsgegenstände:**

____

____

❷ Bewerte die folgenden Aussagen mit r (richtig) oder f (falsch)!

① Jährlich wurden insgesamt 1 262 Milliarden Euro ausgegeben.

② Das meiste Geld wurde für Miete, Wasser, Strom und Heizen ausgegeben.

③ 34 % wurden für die Nachrichtenübermittlung ausgegeben.

④ Einrichtungsgegenstände wurden nicht berücksichtigt.

❸ Ergänze fehlende Angaben:

Die Untersuchung zeigt die _________________________ der privaten Haushalte. Am wenigsten Geld wurde für _________________________ ausgegeben, dies waren __________ €. Im mittleren Bereich liegen die Ausgaben für z. B. ________________________________.